智 · 慧 · 爱
Sapientiae et Cordi

了 解 和 爱 ， 终 将 成 就 一 切 ！

午后阳光里的孩子
Somebody Else's Kids

[美]桃莉·海顿（Torey Hayden）著

陈淑惠 译

图书在版编目（CIP）数据

午后阳光里的孩子 /（美）海顿著；陈淑惠译.—北京：华夏出版社，2015.1
（桃莉老师疗愈成长之旅）
书名原文：Somebody else's kids
ISBN 978-7-5080-8374-2

Ⅰ.①午… Ⅱ.①海…②陈… Ⅲ.①问题儿童－儿童教育 Ⅳ.①G765

中国版本图书馆 CIP 数据核字(2015)第 002204 号

SOMEBODY ELSE'S KIDS by Torey Hayden
Copyright ©1981 by Torey L.Hayden
Simplified Chinese translation copyright © 2015
by Huaxia Publishing House
Published by arrangement with Curtis Brown Ltd.
through Bardon-Chinese Media Agency
ALL RIGHTS RESERVED

版权所有，翻印必究
北京市版权局著作权合同登记号：图字 01-2014-2480 号

午后阳光里的孩子

著　者	（美）桃莉·海顿
译　者	陈淑惠
责任编辑	朱　悦　陈志姣
特约编辑	杨　越
责任印制	刘　洋
出版发行	华夏出版社
经　销	新华书店
印　刷	三河市少明印务有限公司
装　订	三河市少明印务有限公司
版　次	2015 年 1 月北京第 1 版
	2015 年 4 月北京第 1 次印刷
开　本	880×1230　1/32
印　张	9.75
字　数	210 千字
定　价	38.00 元

华夏出版社　地址：北京市东直门外香河园北里 4 号　邮编：100028
网址：www.hxph.com.cn　电话：(010)64663331(转)
若发现本版图书有印装质量问题，请与我社营销中心联系调换。

推荐序

学习倾听孩子的声音

21世纪，随着互联网的飞速发展，世界愈加扁平，各种资讯以及教育理念以前所未有的强度冲击着我们。育儿的话题在当今的中国变得越来越引人关注，也越来越重要。第一代的独生子女如今已经为人父母。在仍然以传授知识、考试测评为教育主线的中国，孩子的压力越来越大，反抗也越来越大。家长们一方面渴望孩子快乐成长，另一方面又难以抗拒整个社会的潮流，站在孩子的身后，举着考试的大旗打压着孩子们。

前日参加一个活动，有一个讨论是关于"如何做高效能父母"的话题。家长们七嘴八舌，提出了一大堆的建议。我却在想，也许，我们都需要安静下来，学习倾听孩子的声音。

桃莉·海顿，被美国教育界盛誉为"爱的奇迹天使"，她的这套"桃莉老师疗愈成长之旅"都是从孩子的角度展开的，让我们这些糊涂的自以为是的大人有机会听到孩子们的声音，帮助我们贴近孩子那颗敏感的心，了解他们的需要和被爱的方式。

我非常感谢自己在芬兰的育儿经历，因为是个"外来母亲"，什么都不懂，所以必须倾听（即使如此，也常常做不到很好的倾听）。

在某种程度上，女儿教会了我很多。记得女儿12岁左右的时候，喜欢上了一个西方的摇滚歌星。这个歌星的所有造型，都让我有一种心惊肉跳的感觉。我非常担心女儿的"喜欢"，试图了解她为什么会以这样一个"不正派"的歌星为偶像。女儿却说，他在台上的打扮和表演只是一种宣泄，是他情绪或生命中的一个部分。她还批评我（和很多中国家长）以貌取人。可是，我依然不明白，这个摇滚歌星宣泄的哪一部分引起了一个12岁孩子的共鸣，当时非常担心（现在我越来越理解一个孩子成长过程中的困扰）。此后，我们也偶尔会为这件事展开讨论，直到她15岁的某一天，我们又谈起这个歌星，她跟我说了不久前发生的一件事：有一个青少年持枪伤人，而他恰是这个歌星的粉丝。这件事引起各方媒体的关注，甚至有一种声音质疑歌星的音乐对青少年的负面引导。有人采访这个歌星，问："如果你有机会对这个孩子说几句话，你会说什么？"他静默片刻，回答道："我什么也不会说，我会倾听。"女儿说："妈妈，你不觉得他是一个很有智慧的人吗？"

是的，倾听的力量超出你的想象！在这个充斥着各种声音和各种理念的嘈杂世界里，"倾听"也许是我们需要学习的一个重要技能。

无论你是家长还是老师，如果你心里有爱，并愿意用对的方式支持到你所爱的孩子，不妨打开这套书，在桃莉·海顿的帮助下，走进孩子的内心世界，开始学会倾听。看看你是否能够听到他渴望长大的声音，听到他内心的无助和他的需求，他的自豪和喜悦，体会到他在生命初期学习生存技能的那份努力和不易。

如果我们能够带着深深的爱，细心地倾听，全然地信任，耐心地陪伴，也许，生命就会展现给你一个奇迹！

芬兰富尔曼儿童技能教养法中国推广第一人：李红燕

目　录

Torey Hayden

1　意外的开场 _ 001

2　狂奔的布 _ 007

3　分不清 O 和 L 的萝莉 _ 016

4　三人成行 _ 026

5　制作冰淇淋 _ 033

6　与家长会面 _ 045

7　摧毁一切的汤玛索 _ 055

8　漱口水事件 _ 069

9　意外摔伤 _ 074

10　种植风信子 _ 084

11　乔克求婚 _ 096

12　怀孕的克劳蒂亚 _ 099

13　身体作画 _ 107

14　难以沟通的父母 _ 117

15　我在意 _ 124

16　情人节卡片 _ 132

17　泰迪熊是导火索 _ 139

18　寻找团体支持 _ 155

19　柜子里的萝莉 _ 163

20　与乔克分手 _ 177

21　萝莉不来上课了 _ 180

22　莉比的仇恨 _ 188

23　萝莉的美 _ 198

24　撕毁一切 _ 208

25　汤玛索的虚拟老爸 _ 217

26　与艾娜争吵 _ 227

27　达成共识 _ 235

28　缓慢的进步 _ 243

29 为了梦想 _ 251

30 轻声歌唱 _ 261

31 颠覆以往的疯狂 _ 267

32 规划未来 _ 276

33 离别 _ 287

34 各自离去 _ 294

35 结　语 _ 304

意外的开场

有一条古老的医疗法则提到,自然憎恨空白。

这是一个自成的班级。

有一条古老的医疗法则提到,自然憎恨空白。那年秋天,自然必定非常努力地工作,而一定有某个我们未曾注意到的空白一直存在着,因为一夕之间,一个未曾事先规划的班级就这样无缘无故地冒了出来。

八月份学校开学后,我担任的职位是资源教师。小学部各个班级中反应最迟钝的学生,每天都必须和我会面半个小时,一次一个或两个或三个。我的主要工作是,尽我所能地让他们赶上各自班上的程度,尤其在阅读或数学方面,当然有时也会兼顾到其他领域。总之,我自己是不带班级的。

我在这个校区服务了六年,其中四年,我所教的班级就是教育界所谓的"门户独立班级"(注:针对情绪失调的孩子设立的班级,教室内有全方位的完整设备),这种班级的所有活动都集中在一个教室里,就读这种班级的孩子在校园中是被孤立的,不和其他正常孩子互动。在那同时,我也教情绪严重受损的孩子。接着,九四一四二条公共法通过,这也就是众所周知的主流教育。其课程设计主旨在于,将特殊教育学生集中在比较严格的"可能环境"中,尽可能改善他们在各方面的不足,达到让他们正常化的目的,我们称之为"资源协助"。这意味着,将不再有全方位设备的教室,特殊问题的孩子必须自己去上厕所,教室内不再有小隔间,不再有专属的垃圾堆,孩子在正常安全距离内游泳时不需成人特别监督。那条漂亮又理想的法令,把我的学生和我困在现实生活里。

当这条法令通过时,我的门户独立班级已经结束,我那十一个孩子都被吸收到主流教育体系中,就连校园中其他四十名重度残障的学生也不例外。只有一个全职特殊教育班级获准成立,那些无法被吸收到其他班级的重度智障学生,都被集中到这个班级,他们要么无法走路,要么无法说话,或无法上厕所。我以资源教师的身份被派到那个班级任教,位于校区非常偏远的一个角落。我原以为我会看到一个空白形成,原以为我对那种景象早已司空见惯。

我打开我的午餐盒,一个麦当劳的大汉堡对我而言,这已是大餐,因为午餐时间只有短短的半个小时,我无法像在以前服务的学校时一样,开着车子到城里去享受美食。这是学校一位心理医师贝瑟妮帮我买的,她知道我是个大汉堡迷。

"桃莉?"

我放下打开一半的午餐盒。柏克·琼斯这位校区特殊教育督导,嘴上咬着烟斗，正朝着我走过来。我的一颗心都在汉堡上，不知道他是何时进入教师休息室的。

"哦，嗨，柏克。"

"你有空吗？"

"当然。"我口是心非地说。距离上课时间只剩十五分钟，我的眼睛直盯着那个大汉堡。

贝瑟妮拉来椅子加入我们，柏克则坐在我们两人之间。"我碰到了点小麻烦，希望你可以帮我解决。"他对我说。

"哦，什么样的麻烦？"

他拿下嘴中的烟斗。"关于七岁孩子的问题。"他不怀好意地对我笑，"在玛西·柯恩的幼儿园里有一个小男孩，我想他是自闭症孩子，你知道的，就是整天不停地旋转、自言自语的那个样子，就和你以前的那些学生一样。玛西对他已经无能为力了。去年她也带过他一段时间，甚至还在班上多编制了一名助理，但他的情况还是丝毫未见改善。我们得用不同的方法来教导他。"

我若有所思地嚼着汉堡："我能帮你些什么呢？"

"呃……"柏克停了好一会儿，然后看着我说，"呃，我是在想，桃……呃，也许我们可以派校车去把他接过来这里。"

"你的意思是？"

"由你来带他。"

"我来带他？"突来的惊慌害我囫囵吞下口中的食物，"以我目前的状况，我根本无法处理任何自闭症的孩子，柏克。"

他皱了皱鼻子，自信地倚过身来："你可以做到的，难道你不觉得吗？"他停了下来，看着差点被食物呛得半死的我："他只上半天课，正常幼儿园的课程。他在玛西的班上越来越糟糕，我想，也许你能让他起死回生，就像你以前教过的那么多孩子一样。"

"可是柏克……我已经没有那样的教室和设备了。我现在被安排教学科，如果我带他，那么我现在的那些资源学生该怎么办？"

柏克温和地耸了耸肩："我们会安排的。"

这个孩子预定在每天的十二点四十分抵达。下午两点之前，我还是带我的资源学生，然后接下来的整个下午就是我们两人独处的时间。在柏克的心中，具有多年门户独立班级教学资历的我，有着那种他所谓"经验"的神秘东西。简言之，我心中很清楚这种事情应该怎么进行。

为了这个男孩，我把教室整理得一干二净，把所有易碎的东西全都放到无法伸手可及的地方，把所有体积小又容易被误食的东西都收到柜子里，把所有桌椅移开，挪出容许我们两人亲密玩耍的大空间。完成这一切后，我回头做我的资源教学工作，这份工作一直无法带给我特别的充实感与成就感。我怀念门户独立班级的环境，怀念不需要带自己班级的日子，尤其怀念和情绪失调的孩子们相处的愉快时光。

九月份第三个星期的星期一，我终于和布斯·柏尼·法兰克林见面了。他的母亲在他面前总是叫他布斯·柏尼，而他那三岁大的妹妹却叫他布，不过那对我而言已经很够了。

布斯今年七岁，长相和一般有情绪心智问题的孩子差不多，神情中有种明显可见的真诚：一种常在梦中看见的真诚。他看起来就像画作中的重生人物一样，只不过不像画中的孩子那么大，不像个七岁的孩子。在我看来，他可能连五岁都不到。

他的母亲把他推进敞开的教室门口，简单地对我说了几句话后便转身离去。布现在完全属于我。

"午安，布。"我说。

他依然一动也不动地站在门口处。

我蹲下身来与他齐高："布，哈喽。"

他别开脸。

"布？"我碰了碰他的手臂，但他还是不愿看我。

"哈喽，布。我叫桃莉，是你的新老师。从现在开始，你要在这个教室上课，这就是你的教室。"

"这就是你的教室。"他语调完全一样地重复我说的话。

"过来这里，我带你去看你挂衣服的地方。"

"我带你去看你挂衣服的地方。"他的语气细柔得近乎呢喃，有如母亲对婴儿说话般地细柔。

"跟我来。"我站起身并伸出一只手。他依然不动如山，脸依然别向左方，垂在身体两旁的手指头开始拍着腿侧，啪嗒啪嗒的声音在寂静的教室中回荡着。

教室中还有两个四年级的孩子，他们一动也不动地坐在椅子上看着这一切。我事前便已告知他们布要来的消息，事实上，在布加入这个班级的第一天，我便指定他们两人一些特别的功课，以便我专心教导布的时候，他们两人可以互相照顾协助。只是，从一开始，他们两人的眼光便没有片刻离开过我们，他们坐在那里专注地看着我们。

见到布不停地拍着腿侧的牛仔裤，我并没有急着冲过去安抚他。我后退了几步，把空间留给他："要不要把你的毛线衣脱掉？"

他没有移动，没有出声，只有狂急的啪嗒啪嗒声，还是不愿把脸转过来看我。

"他怎么了？"其中一个四年级的孩子问。

"我们昨天讨论过的啊，提姆。记不记得？"我背对着他们两人答道。

"你可不可以叫他不要再拍了？"

"他不会伤害任何人的，不会有事的。做你们的功课，好不好？"

我听到身后传来提姆的抱怨声以及沙沙的翻书声。布有如脚底生根般地站在那儿，全身僵硬，除了不停拍打的手外，其他的肌肉全都紧绷不动。

然后，在没有任何预警下，他突然狂声尖叫起来："啊啊啊！哦哦哦！"他的双手捂住眼睛，躺在地上不停地打滚，然后，在我还来不及靠近之前，他又突然站了起来，绕着教室打起转来："啊啊啊！哦哦哦！"双手移到头上狂乱地挥抓，好似一个疯狂的舞者。

"他发羊痫风了！哦，老天啊，他发羊痫风了！快，桃莉，想想办法！"提姆哭着说，他已经从椅子上跳起来，惊慌地拍着双手。布雷德，另一个四年级学生，不知所措地坐在他的座位上。

"他没有发羊痫风，提姆。"我大声地压过布的尖叫声，同时试着将又躺到地上打滚的他抱起来："他没有事情的，别担心。"但我还来不及说下一句，布已经挣脱了我的掌握，疯狂地在教室中乱跑，绕过椅子、桌子、书柜，穿越我清理出来的空间，朝着大门，跑了出去。

狂奔的布

> 我看着他的眼睛,那里一片空洞,那是一具没有灵魂的躯体。

"布?布?"我站在教室外面的走廊,"布?"我用力地低声喊着。

冲到教室门口时,我看到布已经跑到走廊远处的角落,但当我赶到那里时,早已不见他的踪影,徒留气急败坏的我。

我回头往教室的方向走,姑且不管他跑去哪里,他总算不再尖叫了。正值下课时间,整排教室空空荡荡的,所有小朋友都已经出去外面玩耍了。我探头搜索着一间教室,然后又探头到另一间。我知道我必须找到布,把他带回教室,还要检查提姆和布雷德的作业,安抚他们先前受到惊吓的情绪,最后还需准备萝莉——我的下一个资源学生的上课资料,同时在这所有过程中还需兼顾到布。

"布?"我探头搜寻着三年级的教室。在二年级的教室中,我说:"现在该是回到我们教室的时候喽,你在这里吗?"然后又找遍一年级的教室。

我打开幼教教室的门,就在教室对角的一张桌子底下,布躺在地上,抓着一块小地毯盖住自己的头。我不禁想,难道他知道这里是幼教教室?难道他想要回去玛西的幼儿园?抑或他只是误打误撞闯进这个教室的?

我低声细语地对他说话,步步为营地靠近他。幼教班的小朋友纷纷从操场回来,个个对我们露出好奇的表情。这个奇怪的老师在他们教室的桌子底下干什么呢?这个穿着绿色裤子的男孩又是怎么一回事呢?

"布?"我低声轻柔地说,"该回我们的教室了,其他小朋友还得用这间教室呢。"

幼教班的小朋友目不转睛地看着我们,不过并没有往前靠近。我轻轻碰了碰布,手指不停地在地毯上来回轻抚着,然后探到地毯里面摸到他的身体,小心翼翼地拿走他头上的地毯,将他搂在怀中,然后滑出桌外。布就像橱窗里的模特儿一样,无语又僵硬。这次他不再别过头去,反而直直地盯着我,好像我不存在似的,又圆又大的眼睛一眨也不眨,有如死不瞑目者的双眼。

当我抱着僵硬有如木乃伊般的布回教室时,萝莉正站在我的教室门外张望着。提姆和布雷德已经走了,他们离开时关了门也关了灯。怀中抱着作业簿的萝莉露出一脸不确定的表情,不知道是否该进入漆黑的教室里。

"我不知道你在哪里!"她热切地说,然后,她注意到布:"这就是你跟我提过的那个小孩?就是他要和我一起上课吗?"

"是的。这位是布。"我开了门,进入教室并开了灯,然后把布放下来。当萝莉和我走到教室远处的工作桌时,布还是僵硬不动地站在那儿。很显然,布并不打算移动他的脚步,于是我只好过去将他抱过来上课。他站在桌子和墙之间,依然僵硬一如死人,阴郁的双眼不见生命的光彩。

"哈喽,小男孩,"萝莉说,同时在他身旁的一张椅子上坐下。她倾身向前,一只手肘靠在桌面上,明亮的眼睛充满兴趣:"我叫萝莉,萝莉安·史乔汉,今年七岁。你叫什么名字?你几岁?"

布看都不看她一眼。

"他叫作布,和你一样都是七岁。"

"这个名字很好笑,布。可是你知道吗?我知道有一个名字比布更好笑。她叫玛姬·史米立。我觉得那个名字很好笑。"

看到布还是没有回应,萝莉皱了皱眉头:"你该不会因为我这样说就生气吧?就算你的名字很好笑也没有关系,我不会笑你的,我也没有笑玛姬。"萝莉顿了顿,研究着他的表情:"你看起来不像是个七岁的孩子,对不对?我觉得我比你高,也许吧。不过我的身材也算矮,那是因为我是双胞胎,有时双胞胎的个子都比较小。你也是双胞胎吗?"

萝莉真是个不得了的孩子。我可以坐着,然后听她讲一整天的话。在我多年的教学经历中,萝莉是很特殊的一个,她是在发生许多问题后才来找我的。萝莉和她的双胞胎姐姐在五岁时被领养,姐姐一直没有求学上的问题,但萝莉却打从进入幼儿园开始便严重适应不良且问题不断。

和亲生父母同住的那几年，萝莉是个严重受虐的孩子，曾经有一次被打得骨折，骨头还插入她的大脑，造成脑部伤害。虽然骨头后来被取出，但受损的大脑却一直无法复原。而这个伤害会引起多大的后遗症也没有人知道，癫痫症便是后遗症之一。另一个比较明显的后遗症则是她的写字能力，至于其他比较轻微的后遗症，还有无法集中精神、无法安静地坐着、容易分心。让我稍感安慰的是，萝莉虽然受到如此严重的伤害，但她的智商或她的感觉能力和理解能力却并无大损，而且她的外貌看起来也很正常。我注意到人们，包括我自己，常常因此而忘记她不是个正常的孩子，有时会因她的失控行为而对她发脾气。

诊断的结果显示，她的恢复状况并不理想，她的脑细胞不似身体中的其他细胞那样可以发射讯息。医师们抱持的唯一希望，是随着年龄的成长，她的脑细胞能够绕过受损细胞，找到其他的传达讯息的路线，期待她在阅读及书写方面的能力得以完善。在这同时，萝莉也尽其所能地学习。

萝莉的大脑虽然无法完善地运作，但却不影响她那颗善良的心。除了她那些不堪的际遇之外，她的心中不曾存有过恶魔。她总是带着有趣的态度拥抱和关怀我们每一个人，不论对方是好还是坏。我在她身上同时看到暖心与恼人的特质，虽然她有时会让我紧张得喘不过气来，但这一切都掩不过她那颗善良体贴的心。

萝莉显然十分关心布。

"他不会讲话吗？"在一连串的问题都得不到布的回答后，她低声地问我。

我摇了摇头:"不太会讲,那也是布来这里学习的原因之一。"

"哦,可怜的布。"她起身伸手去拍拍他的手臂,"别担心,你可以学会的。我自己也学得不太好,所以我知道你的感觉。可是别担心,反正你是一个很棒的孩子。"

布还是不理会她,径自将脸别过去对着墙。

我决定先指导萝莉的功课,让布继续站在那儿,反正也不急着教他些什么。"我马上就回来这里,布。"我说。

萝莉很快地翻开作业簿:"今天又是可恨的拼字练习,我不会。"她若有所思地抓了抓头,"我和那个老师,我们老是做不好这个作业。她觉得你应该可以把我教得更好。"

我露齿一笑,把作业簿拿过来看:"她真的那样说吗?"

"没有,可是我看得出来她是那样想的。"

布开始有了动作。一开始有些犹豫,然后一步、两步、再一步。我一面教萝莉练习拼字,一面用眼睛的余光看着他。他就连走路时,还是全身僵硬得有如僵尸,而且每隔一会儿,他的双手便又拍起腿侧。我不禁想,难道这所有的紧绷只是为了自我抑制?他又何以如此的自我抑制?

"你看他,"萝莉轻声地说,抬头对我微笑,"他终于打算归队了。"

我点了点头。

"他有点奇怪,桃莉。不过那没有关系,对不对?"她说,"有时候我的行为也有点奇怪。每个人都一样,你知道的。"

"是的,我知道。现在,请你把注意力放在你的功课上。"

布探索着这间教室的环境、教室的空间、方方正正又明亮的窗户、老师的桌子……然后他来到动物区。他停在那些鸟儿前面，缓缓地举起手去碰那个鸟笼，手指在鸟笼上拍呀拍的，然后身体也开始跟着前前后后地摇了起来。"啦……"他发出高频率的低语。第一次他讲得很小声，我以为是外头鸟叫的声音。"啦……啦……"这次他的双手高举在耳际，拍着鸟笼。

"啊哈啊哈啊哈……"他开始喃喃叫着，"咿咿……呵呵……嘻嘻……"所发出的声音有如住在动物园里的猩猩。

正在做功课的萝莉这时抬起头来，先看看他，再看看我，传递着会意的眼神，然后摇了摇头，又埋首在她的功课中。

布似乎心有灵犀地微微一笑，转过身，身体内的僵硬开始融化。"嘻嘻……"他快乐地说，眼睛直直地盯着我的脸。

"那些是我们的鸟，布。"

"嘻嘻嘻！……啊啊啊……啊哈啊哈啊哈……"他语气十分兴奋，在鸟笼前高兴地跳上跳下，双手快乐地挥着，每隔几分钟便回过头来看萝莉和我一眼，我则报以微笑。

突然间，布在教室中狂奔了起来，尖锐的笑声响彻寂静的校园，双手拍得更急促了，不过动作中有着愉悦的成分。

"桃莉！"萝莉从椅子上跳了起来，"你看他！他正在脱衣服！"

他这下可真的玩得太过火了。一只鞋子，一只袜子，一件衬衫，全都在奔跑中被他丢到身后，绿色长裤掉到脚踝处，已然快要被扯破了。他来来回回地跑着，尖锐地笑着。萝莉入神地看着他，有时还会把一只手举起来捂住眼睛，不过我注意到她从指缝中偷瞧，脸上还露着笑容。

我不打算去追他,因为我不想加入这场游戏。我内心真正担心的是他会再次夺门而出。再过几分钟布就会脱得全身赤条条,而不久前,当他还是衣着完整时,我追逐他的记忆就已经不是很愉快了,更别提此刻近乎一丝不挂的他了。这间教室的好处是,校方有些刻意地将它隔离,为的是不让一些顽皮的学生在此游晃,进而吓到这个特殊班级的小朋友。如果布的行为引来其他好奇学生的围观,校长丹·马歇尔先生必定会对我无法谅解,而我也不想招惹这种麻烦。

布快乐地又笑又跳,从教室的这里跳到那边。我走过去闩上门,然后又回到自己的工作上,同时也让布可以尽情地玩。

十五分钟过去了,期间他偶尔会停下来,而且都停在距我不远处,看着我。我试着从他那双海绿色的眼睛中解读他的心事,也确定看到了某种东西,却不知道那是什么。

然后,在一次暂停中,他将一只手举到齐眼高度,开始在他的眼前交绕手指头。一阵阴影笼罩了下来,某种东西关闭了起来。就像一层透明薄膜覆盖过爬虫类动物的眼睛,某种东西被拉着盖过了他,接着他再度尖叫了起来,小小的身躯开始变僵硬,手臂保护地紧贴在两侧。眼神中没有生命光彩。

布一动不动地站了一会儿,然后猛力拍着腿侧,碎步跑着横越教室,躲到阅读区的一块地毯下。他慢慢地蠕动着身体,直到全身覆盖在地毯下,只露出两只赤裸的脚底板。

当我回到工作桌时,萝莉投给我一个沮丧的眼神:"这下子可得费一番工夫才能搞定他了,桃莉。他实在太奇怪了。老天,我说的可不是一点点奇怪而已哦。"

"他有他的问题。"

"没错,他脱衣服的行为就是一个问题。"

"呃,这个问题暂时没有关系,我们待会儿再来解决。"

"有关系的,桃莉。我可不认为你会在学校里光着身子。我的爹地,我想他曾经对这样对我说过。"

"每个人的情形不一样嘛,萝莉。"

"这是不对的,我知道。你会看到他的东西,而女孩子是不应该看那个东西的,因为那表示你很下流。但是我就是忍不住想看,我能够不看吗?爹地要是知道我干了这种事的话,一定会打我的。"

我对她微微一笑:"你是指看他的小鸡鸡?"

萝莉点了点头,努力地咬住双唇以防自己也笑出来。

"我有种感觉,其实你并不是那么在意他没有穿衣服。"

"呃,因为它实在很有趣。"

我们就这样度过了第一天,布和我。在我们两人独处的时段中,他便在地毯下躲了一个半小时,而我也无意催促他。近三点十五分时,我把他从地毯下拉出来,帮他穿上衣服。他僵直地躺在地上,眼睛盯着前方,嘴巴还是不停地抱怨。我一面对他说话,一面帮他穿衣服,告诉他这个教室的故事,鸟、蛇和螃蟹的故事,我们两人一起要做些什么,还有关于他所遇见的其他小朋友的事,反正想到什么就讲什么。我看着他的眼睛,那里一片空洞,那是一具没有灵魂的躯体。

我讲话,他跟着我讲话;我停止,他也跟着闭嘴。他依然注视着前方,只是眼神中不见焦距。

"你刚刚说什么,布?"

没有回应。

"你是不是想说什么?"

他依然空洞地望着空中:"白天最高温约华氏六十五度,今夜最低温约华氏四十五度,山区有可能结霜。昨天机场最高温为华氏五十六度。"

"布?布?"我轻柔地摸了摸他的脸,梳理他躺靠在地毯上的黑色卷发,图画书中的美人映在他的脸上,有如被分割的实体。他的手指抵着地毯摇动着。我抚摸着他,慢慢地由下往上帮他扣上衬衫纽扣,有如在替一个洋娃娃穿衣服一般。过程中,他还是像只鹦鹉般地讲个不停,一字不漏地复诵着今天早上气象播报员所说的话。这叫作延迟模仿言语症,如果你想要知道这种症状的专有名词的话。

"格林吾德区的降雨率,白天百分之十,夜间百分之二十,然后到明天早上会升高到百分之五十……"

不用担心。我不担心。

3

分不清 O 和 L 的萝莉

"我恨这个地方！我恨它！我恨它！我恨它！"

那年我们推动了一项阅读系列方案。对我而言，这已不算是新方案，我先前所任教的那所学校也推过这种方案，那次的灾难我没逃过，看来这次也逃不过。这个方案的教材都是一些颇具美学的图画文章，而且大部分都颇具有文学性，都是些读起来很有趣的故事。

事实的确如此，如果你懂得阅读的话。

它是为大人们设计的，为了那些买了它、不得不去读它、已经忘了六岁时不知如何阅读是什么样子的大人们所设计的。这个系列是对社区鼓动者的一种回应，这些人的年龄正当四十多岁，不会被基本读本的有限文字所吸引。他们先前要求得更多，而现在他们已得到他们所要求的。而对于为大人设计的童书而言，这些在这个系列中都是无可取代的。事实上，在我第一次接触这些书时，我遮遮掩掩地偶尔拿一个读本回家，因为我想要读它。当然，当时我是二十六岁。我们买了这些书，孩子们没有，而这次的情况是，我们是为自己而买了这些书。

对孩子来说，这又完全是另外一回事，至少对我的孩子来说是如此。一直以来，我所教的孩子若不是初学者，便是有学习障碍的，而对这两类学生而言，阅读无疑是场大灾难。先前的三年下来，我早已不记得那些故事的内容，一整个学期下来我们的进度根本过不了第一本书。从第一页的第一行开始，学生便看不懂那些艰涩的文字及意境深远的插图了。对于出版那个系列教材的出版社而言，他们相信的是成功的数据；但对学生而言，那却是生活，他们必须为那些教材付出极大的惨痛代价。

萝莉便是这套系列阅读方案下的一个无辜受害者。原本在阅读及书写上已经困难重重的她，偏偏又遇上一个看不起那套系列教材及特殊问题学生的老师。

艾娜·索森，萝莉以前的老师，她从事教职的时间比我的年纪还长，在许多教育领域上都有杰出的表现。可惜的是，特殊教育并非她的专长，而且她也坚信特殊学生和智障学生是绝对不可以编入正规教育班的。带领这类的学生对她而言无疑是项负担，而学生相对地也无法从她那儿得到适当的教育，因为艾娜的教育方式十分传统，总是按部就班且一丝不苟。

在这位严师的教导下，萝莉丝毫没有进步。她受损的脑部未见成长的迹象，写字能力也未见改善，而且更常出现其他脑部受损孩子的共通性行为，诸如过动行为或注意力无法集中。艾娜甚至称萝莉是"迟缓儿"。

就这样，每天半个小时的时间，萝莉和我努力地克服她的写字问题。我必须承认我们的进度很慢，三个星期过去了，她连自己的名字都还不会写。大多数时候，我相信她是可以学会的，但当我要她做她在幼儿园时期便已做过三次的作业时，她还是不会。她最大的问题在于符号语言：字母、数字、任何抽象的文字或图片。她能够背出所有字母，但却无法将它们和文字里的字母联想在一起。

艾娜说得一点都没错，教导萝莉的确是一大挫折的事。三个星期来，我用尽多年教学的经验，试尽所有能够想得到的方法，用尽所有我坚信与怀疑的器材，一切全希望她能有所收获，但结果却令人失望。于是，我把萝莉（LORI）制作成四个字母卡片，逐个字母地教她读。

我们上课的情形大多如下：

"好，这个字母是什么？"我高举着 O。

"M！"萝莉兴奋地喊着，好似很笃定自己是对的。

"看到字的形状没？圆形的。那个字母的长相是圆形的啊，萝莉？"我用手指指着卡片上的字母。

"哦，我现在想起来了，是 Q。"

"还记得我们刚才读过的是 L 和 O 卡片，不是 Q 卡片，萝莉。"

"哦，对哦。"她用手打了一下头，"我真是个笨蛋，我忘记了。现在，我想想看。嗯……是 P，对吗？不对不对，现在让我想想看。呃……嗯……是 A。"

我倾身到桌子对面："看着这个字母。看清楚，它是圆的，哪一个字母念的时候会让你的嘴巴变圆的？像这个吗？"我做出圆形的嘴形。

"7？"

"7是一个数字，我们的答案不是数字，我们的答案如果不是O就是L。哪一个会让你的嘴形变成这个样子？"我一面指着卡片，一面夸张地做出这两个字母的嘴形，"只有一个字母会让你的嘴变成这个形状。是哪一个字母呢？"

萝莉嘟起她的嘴唇，跟着我做出圆形样子。

"O！"萝莉终于大叫了起来，"那是O！"

"耶！答对了，小女孩。太厉害了，你答对了！"

然后我拿起下一张卡片，同样是O，只是，不同于上一张的蓝色，这张是用红色马克笔写的："这个字母是什么？"

"P？"

这样的课程一而再、再而三地重复。萝莉并不笨，她的智力测验的分数很高，没有理由学不会这些字母，一定是她看的方式和我们一般人不同。是她那坚毅的精神让我们愿意继续带领她，我从未见她放弃过。有时她也不免疲劳或挫折，但她相信终有一天会弄懂O和L。

这天，当布抵达教室后，萝莉含着泪水来到我的教室。她没有哭出声，但是低着头，泪水盈眶。她无视于我的存在，径自走到教室远处的桌前，疲惫地将作业簿往桌上一丢。

"怎么了，宝贝？"我问。

她耸了耸肩，拉出一张椅子，颓丧地坐下，手肘靠在桌上，用手掌托着腮。

"在我们开始上课前,是不是该稍微谈一下呢?"

她摇摇头,用衣袖擦掉即将滚下的泪珠。

我在她的旁边坐下来,看着她。两人沉默了一二分钟后,我起身去查看布,他正置身在动物堆中,把玩着一条蛇。我回头走到萝莉的身后,轻轻地按摩她的肩膀。

"今天过得很不快乐吗?"我问,并在她的身旁坐下。

她点了点头。"老师不准我下课。"萝莉低声地说。

"怎么会呢?"

"我的功课做得不对。"她指了指丢在桌上的作业簿。

"你的功课都是在这里和我一起做的,萝莉。我们都是利用我们阅读课的时间做的呀。"

"索森太太改变主意了。现在每个人都得在下课之前把作业做完,越早做完便可以越早下课。只有我例外。"萝莉抬起头来,"我必须做得又快又正确。"

"哦,我明白了。"

泪水再度蓄满她的眼眶,晶莹得像闪烁的星星,但就是不掉下来。

"我很努力。真的,但是答案就是不对。我必须留下来,整个下课时间都在写作业,一步也没有跨出教室的门,就连这次轮到我当踢球队长也不能出去。我本来要选玛莉安当队友的,而且我们一定会赢,因为玛莉安是班上最厉害的,也是全一年级最厉害的。她说,如果我选她的话,放学后我们就可以去她家玩芭比娃娃,我们还会变成最好的朋友!"她及时擦掉一颗滴下来的眼泪,"这不公平。轮到我当队长,而我却被留下来写作业。其他小朋友都不用先把所有作业做对,就只有我。这实在太不公平了。"

放学后，我去找艾娜，表达我对她许多教学理念的不认同。不过，相对地，她丰富的教学经验却是我望尘莫及的，我也非常尊敬她的专业知识。

"我是接受了你的忠告的。"在走进教师休息室时她对我说。

"我的忠告？"

"是的。还记得先前我是如何抱怨无法让学生准时完成作业吗？"

我点点头。

"我采用你当时的建议，让学生自觉且乐意地完成作业，"艾娜微笑着，"我把那套方法用到阅读作业簿上。我告诉学生，只要完成作业便可以马上下课。才十五分钟，所有小朋友都把作业写完了。"

"他们做完后你可有检查吗？"我问，"我是说在他们出去之前？"

她迟疑了一下："没有，他们都做得很好。"

"那萝莉·史乔汉呢？"

艾娜仰起头转了转眼珠："她的作业我一定得检查。那个萝莉根本就是粗心大意，一点都不专心做作业。刚开始的那几天，我让她和其他小朋友出去，但是接着我就去检查她的作业簿，结果你知道我发现什么吗？错，所有的答案都错了。我给她方便，但她却一逮到机会就得寸进尺。"

我忍不住别过头去，看着墙壁或咖啡壶或任何的东西。可怜的看不懂字、不会写字又答错所有作业问题的萝莉。"但是我认为，她的作业应该是由我陪她做的。"我说。

"哦，桃莉。"艾娜沉重的声音带着极大的耐心，"这就是一件你还没有学会的事情。你绝不可以纵容不听话的孩子，尤其是一年级的小朋友，你必须让他们知道谁才是老大。萝莉需要好好地规范，她是个聪明的小女孩，千万别让大脑受损那套说辞给耍了。雕塑萝莉这类小孩的唯一方法，就是对她订下严格的规定。"

"在现今这个社会里，老师和家长再也不教小孩子们自律的观念了。"艾娜微笑着。

"虽然你在这方面的知识与经验受到极高的肯定，桃莉，但我本人却不如此认为。朽木不可雕，你知其不可而为之，只是在浪费这些孩子的时间罢了。我在这个行业的时间这么久了，相信我，当你在这行像我一样久的时候，你一眼就可以看出来哪个行、哪个不行。我真的不懂，为什么要投入这么多时间和金钱在这些迟钝且没有希望的孩子身上？栽培其他正常孩子，所得到的投资报酬率绝对会更大。"

我在饮料贩卖机上买了一瓶饮料。这时候最正确的做法是纠正她的想法，因为至少在我的观念里，她大错特错。而最懦弱的做法便是，起身去痛揍饮料贩卖机器一顿。没错，后者正是我的反应。我必须承认我有点怕艾娜，她可以那么轻松地说出心里的话，信心是那么的坚定，而她对于经验又是如此的自豪，让我不禁质疑起自己的认知。我选择懦弱的方法，起身离去。

不幸的是，情况并没有因此而改善。第二天，萝莉还是不能下课，下午依旧带着满是错误答案的作业簿来见我。她变得更抑郁不乐，但没有流泪。第三天以及以后的情况还是一样。如果她来找我时我们两人没有把作业做完，如果每天放学之前她的作业簿还是出现错误，她便会被艾娜留校，继续被艾娜指责她的错误都是粗心所致。萝莉咬着牙通过艾娜所有的规范，但作业的正确度还是得不到艾娜的信任。这是一场意志力的战争。

这对师生之间出现了紧绷情绪。和我在一起时，萝莉完全无法集中精神，任何事物都会分散她的注意力。数天之后，她更显得坐立不安，每当她一走进教室，坐了下来，便又会马上站起来。坐下，站起，坐下，站起。做作业的时候，她会仰靠在椅背上数分钟，闭上双眼，抖动双手以减轻压力。

隔周周一的早上，紧绷的状态终于爆发了。在萝莉应该来找我的时段，她却没有出现。我等了又等，在等待期间还过去和站在动物笼旁边的布讲话，但我的眼光始终不停地望着门外。

我知道萝莉今天有来上学，稍早之际我还在走廊上看到她。十五分钟过去了，依然不见萝莉的身影，于是我拉起布的手，决定过去一探究竟。

"我叫她去办公室。"艾娜站在她一年级的教室门口答道。她摇了摇头："我告诉你，这个班级已经受够那个孩子了。她把她的阅读课本从教室的这头丢到那头，差点就打到同学的头。我要她把课本捡起来，她却像个公主般地漂亮地转过身说……嗯，我得告诉你，那是个堕落的字眼。你能想象吗？才只是个七岁大的孩子，竟然会说出那样的话！我必须顾及其他孩子的感受，我不要他们听到这类的话，在这里不可以。我如此告诫她，并把她送到马歇尔先生的办公室。她挨了板子。"

我牵着布也来到校长办公室。萝莉就坐在秘书办公室的一张椅子上,脸上泪水纵横,手上握着一张皱巴巴的面纸,知道布和我进来也没有抬头看我们一眼。

"萝莉可以跟我走了吗?"我问秘书,"现在是她应该到资源教室的时间。"

忙着打字的秘书抬起头来,先看看我,然后转过头去看坐在一角的萝莉。

"呃,我想可以吧。我原本是要让她哭完再过去的。你哭完了吗?"她问远处的萝莉。

萝莉点了点头。

"你会乖乖的吗?这个下午不再惹麻烦了吗?"秘书问。

萝莉又点了点头。

"你还太小,惹不起这么多麻烦的。"

萝莉从椅子上站起来。

"你听到我说的话了吗?"秘书问。

萝莉点点头。

秘书的眼光回到我身上,耸了耸肩:"我想你可以把她带走了。"

我们三个人手牵着手来到走廊。一边走,我一边垂着头看着我们紧紧相握的手。

走进我们的教室后,我放开他们两人。在我转身关门之际,布便迫不及待地跑去看他的动物,萝莉则笔直地走向工作桌,工作桌上摆着我辅导前一个学生的教材。萝莉带着严肃又冷漠的态度盯着那份教材好久，然后回头看了我一眼，接着又回头盯着那本教材。

突然间，萝莉毫无预警地一把将教材扫到地上，然后走过去捡起教材，疯狂地将它撕碎："我恨这个地方！我恨它！我恨它！我恨它！"她对着我尖叫，"我不要读书，我再也不要读书，我恨读书！"她悲伤地呜咽。

泪水纵横的萝莉陷入疯狂的情绪中。她伸出手指猛撕书本，纸页上处处留下她的指甲抓痕。因为愤怒，她全身止不住地上下起伏。撕到了最后一页，她顺手抓起书本向窗户的玻璃上丢去，然后转身朝着教室门口狂奔而去。由于不知道门已经被我闩上了，她重重地撞在门板上。心冷的她崩溃了，缓缓地贴着门板往下滑。

布和我站在一旁瞪目地看着瞬间发生的那一幕，惊讶得一时竟反应不过来。在这震耳欲聋的沉静中，我只可以听到布的手疯狂地拍着腿侧的声音。而萝莉，泪水有如连串的珍珠，默默地掉下。

三人成行

> 我无法想象七岁便知道自己生命失败是种什么样的感觉。

这个班级就这样形成了。

经过在艾娜教室中所发生的那个事件后,校方规定萝莉所有的下午时间都必须和布一起接受我的辅导。提姆和布雷德,我的另外两个资源学生,被调到早上,现在下午整整三个小时的时间,就属于萝莉、布和我三个人。虽然行政上,我的职务依然是资源教师,这两个小朋友是资源学生,但我们都心知肚明,我们其实已然有了一个班级。

根据记录,校方增加萝莉资源教育时间的目的,是要她"接受更密集的学科协助"。总之,丹·马歇尔、艾娜·索森和我也许还有萝莉心里都很清楚,改变的时候到了,因为大灾难已经迫在眉睫。换个不同的环境,萝莉或许可能在正常班级学习得很顺利,但在目前这个环境中显然没有办法。在艾娜保守的教学方法中,萝莉根本没有足够的技巧去应对。为解除双方的压力,早上她还是到艾娜的正常班级上课,还是可以吸收到一些比较轻松简单的阅读与数学方面的知识。到了下午,当艾娜的课程集中在困难度较高的阅读技巧时,萝莉就和我在一起。

就这样,我们三个人成了一个小小的班级。

我们的日子没有什么变化。布的母亲每天下午都会亲自送他过来。她会推开教室门,用力将他推进教室,对他挥手道别,接着对我打声招呼,然后便转身离去,连和她寒暄两句的时间都没有。

一进入教室,布便站着不动,也不说话,等着我去帮他脱掉外套。我若帮他脱掉外套,他便再度生龙活虎起来;否则,他便继续站在那里,眼睛盯着前方,一动也不动。有一天,我就让他穿着厚厚的毛线衣站在那儿,想看看会有什么事情发生。

那天,他就那样僵直地站到二点十五分,将近两个小时整。终于,我还是让了步,帮他脱掉毛线衣。

在这间教室的所有设备中,唯一让布感到有兴趣的只有动物。他每天一进到教室便直接走到动物区。也只有当他玩着那些动物时,才能引发他想要沟通的想法,否则他整个下午就只会摇着身体,拍打腿侧,身体打转或到处嗅东西。每天,他都会沿着墙壁走,闻着上面油漆和胶水的味道,接着便躺下来嗅嗅地毯和地板的味道。不管碰到任何东西,他总是先嗅一嗅,有时还会尝一尝,然后再试试它的旋转能力。对布而言,这似乎是他唯一探索环境的方法。

辅导他是件很辛苦的工作。他嗅我就像嗅墙壁一样地让他感到快乐。当我牵着他时,他会对着我的手臂和衬衫吹气,舔我的衣服,深嗅我的皮肤;而我唯一能够让他的注意力集中片刻的方法,就是抓着他的身体,紧紧地搂着他,手臂紧夹住他的两侧。即便如此,布还是会为了要挣脱我,而前前后后地摇晃着身体。我后来发现,解决这个问题的最佳方法,便是陪着他一起摇。但是如此一来,每天放学后,我的手臂、颈子和腰早已酸得快没有知觉了。

布喜欢在教室里到处晃,偶尔他也会和动物说话,但除此之外,他还是不开口说话。偶尔,他会重复我说过的话,但大多时候,他都在不停地重复着电视广告、收音机和电视节目所传出来的话,甚至连他父母亲吵架的内容也不放过。他能够一字不差地重复一长串的话,就连音调语气也都完全一样。

在萝莉整个下午加入我们行列的头几天及头几个星期里,为了同时有效辅导这两个难缠的小鬼,我被整得狼狈不堪。有时候我会指派一些功课给萝莉做,然后过去陪布,反正,我也无法反过来指定功课给布做,然后去陪萝莉。毕竟,要布的手、嘴、身体和心安定下来是很困难的。不过,我们三人之间还是存在着某种神奇的默契。萝莉引起了布的兴趣。他有时会偷偷看她,偶尔当她提到他的名字时,他也会回头看她一眼。这个三人小班级成立的第一个星期,我默默地观察着他们两人,对这样的气氛感到欣慰。要和这两个小孩度过一整个下午实非易事,但同样地,它也是绝对精彩绝伦、绝无冷场的。我很高兴我们这个小小班级的形成。

这个下午三人小班级形成的结果之一是,我见到了萝莉的父亲。

第一次和他见面时，艾娜和丹也在场。我第一眼见到史乔汉先生便很喜欢他。他的身材魁梧，声音低沉温柔，笑声开朗有力。虽然只是第一次见面，但从他的言谈中，不难理解为何萝莉会如此体贴他人。

三人班级的第一个星期过去了。我邀请史乔汉先生于放学后见面，希望对彼此有个基本认识。他是位实验工程师，在某家航空公司的研发部门任职，负责处理飞机的环境影响等相关事宜。

史乔汉的个人生活并不顺利。数年前，他和妻子曾经有过一个女儿，但在她四岁的时候意外掉出窗外，玻璃碎片刺穿了她的喉咙，差点流血至死。经过医生的急救后保住了性命，但也因缺氧导致大脑严重受损而陷入昏迷。虽然孩子的性命保住了，但接下来的三年却一直躺在医院里靠机器维生，从此没有恢复意识。

孩子的病耗尽了他们所有的积蓄，在生活无以为继的情况下，几年后他们一家人搬到我们学校这个社区，希望能够重新开始。没多久，萝莉和她的双胞胎姐姐被安置寄养到史乔汉家，当时她们两人才四岁大。史乔汉先生说，其实他和妻子很早就想要领养小孩了。是的，他们很了解严重受虐女孩内心的痛苦，以及对她们日后身心可能造成的影响。他们夫妻对此不以为意，毕竟，他微笑地对我说，她们需要我们，而我们也需要她们，还有什么会比这个理由更重要呢？

这对双胞胎刚满五岁，史乔汉夫妇便开始办理领养手续。然后，一夕之间，史乔汉太太突然得了重疾。诊断的结果很简单，但冲击也很大。癌症。在萝莉和莉比这对双胞胎将满六岁时，她撒手人寰。

史乔汉先生心志坚定地要领养这两个小女孩。如果过去他们那么需要彼此，那么此刻就更不能没有彼此，但是此时的领养手续变得很复杂，因为他已过了一般领养父母的年纪，不过当局还是准许了他的申请。

过去一年半来，他们的日子过得十分艰苦。年届四十五岁的他，实在不习惯当两个孩子的单亲爸爸；而这对双胞胎也花了两年的时间才走出第二次失去母亲的悲伤。为了这对双胞胎，他迁居到保姆住家附近；在事业上也做了很大的决定——从事他从未接触过的领域。他不再是实验室中的首席工程师，因为那份工作占去他太多的时间。现在，他住的房子比以前小，收入比以前少，他的最重要任务就是扶养萝莉和莉比。疲惫时，他也不免怀疑自己选择，当一个单亲父亲是否为明智之举。不过，他的心里其实还是坚定且确定的。

萝莉的问题其实早在她们入学之前便已显露征兆。当时，史乔汉太太曾试着教她们写自己的名字，莉比一学就会，但萝莉却怎么也学不来。就学的第一年简直天下大乱，她识字及书写能力都没有进步，而在母亲的病情却越来越重的情况下，她的求学生活适应得很不好，不但过动而且无法专心。在家中，她经常尿床并且做噩梦，因为她和莉比一直无法很快地从史乔汉太太去世的悲伤中走出来。于是，学校人事单位和史乔汉先生决定让这对双胞胎在幼儿园多留一年。那一年，莉比在各方面都有长足的进步，升上小学一年级后，表现十分优异，更有自信，也更活泼外向。但是萝莉就没有那般幸运，第二年的幼儿园生活还是一团糟。到了学期中，每个人都认为萝莉一定有其他的问题，不单纯只是表面的适应不良或不成熟。

在医生的建议下，史乔汉先生带女儿到医学院求诊，院方为她做了全身检查。断层扫描发现她的脑部有碎骨，必须开刀取出那块碎骨，并将头颅修复，不过院方对这项手术很犹豫。

导致萝莉的成绩一塌糊涂的罪魁祸首正是那块碎骨，至于她在文字语言符号上一直学不来的原因，就不得而知了。我们对于脑部的运作所知甚少，再说，这其中也有很多可能性存在。她是双胞胎中的妹妹，而且是早产儿，那有可能是在生产过程中的损伤或是先天性的缺陷，谁晓得呢？然而，那块可恶的碎骨却直接造成大脑异于正常表现的伤害，这是个无声的证据，甚至连治疗萝莉的医疗团队的先驱神经专家都承认，他们相信那就是答案。

经过住院治疗和测试后，院方开给萝莉抗痉挛药并让她出院回家。虽然脑部受损的范围得到控制，但回到幼儿园后，她还是继续过着辛苦的学习生涯。萝莉于七月份进入小学一年级就读，能够念出一些字母符号，也能够数到一千，但却完全认不得她自己的名字。

不过，医师对她的情况并不完全悲观。他们认为她还这么小，随着年纪增长，她的大脑组织可能会绕过受损路线，找到新的传输线路。果真如此，那么在她进入成人期之前，她的大脑便可以正常运作了。

听到萝莉一年级的课程被减少到只剩早上课程，史乔汉先生不禁松了一口气。她需要更多特别的协助，而当她无法达到艾娜的要求时，他看到女儿身上的压力不停地累积。

他对我谈到过去几周以来萝莉的行为与反应。他停了一下，捏一捏鼻梁，疲惫地摇了摇头。"我真的很担心她，"他说，"倒不是担心她课业及学习上的问题。"

"我想通了，如果这种事情终究会发生，就怎么也逃不过。可是……"他盯着桌面，"可是有时我在半夜醒来……在还没来得及再度入睡前,她的身影已经悄悄侵入我的脑海。我老是想到她,想到她为了说服自己一切失败都无所谓而做的那些小事情。我想到这件事情的重要性。"他抬头看着我,眼神中满是温柔,"那是我夜晚最难熬的时刻。每当我独处的时候,便不由自主地想到她。而且你知道……你知道,这听起来很愚蠢,但有时候我真的很想哭,眼眶中蓄满泪水。"

我看着他,静静地听他讲萝莉的事情,这对我而言是件难事。我的求学过程一直很顺利,不必辛苦啃书本便能够拿到好的成绩,我无法想象七岁便知道自己生命失败是种什么样的感觉。在法令的规定下,未来萝莉还是得继续忍受这样的折磨长达七年。千错万错,错在她投胎到了错误的家庭。

制作冰淇淋

> 投注于教室四面墙之内的时间,培养出我的生死观、爱恨观、正义观、实际观,也让我领悟到未经洗礼的人类残忍的美,让我了解存在的意义,最后它还让我对自己感到轻松自在。

很久很久以前,当我还是个小女孩时,我告诉我的母亲说,我长大后不但要当女巫,还要嫁给恐龙。对当时四岁的我而言,那是一个很棒的计划,我不但喜欢在后院里和我的朋友玩女巫的游戏,还对恐龙情有独钟。

直到现在,那样的想法依然未曾改变。在内心深处,我还是那个寻找着恐龙的小女孩,只是谁也没有料到,如今对我最最艰难的一件事,却是辅导有特殊问题的孩子。

这份工作一点也不轻松,我也知道其实自己帮不上什么大忙。我深爱我的工作,这份工作将我的人类潜能激发到极限。投注于教室四面墙之内的时间，培养出我的生死观、爱恨观、正义观、实际观，也让我领悟到未经洗礼的人类残忍的美，让我了解存在的意义，最后它还让我对自己感到轻松自在。我已经变成了那种星期五下班回家便开始焦虑等待星期一赶快来临的人。孩子是我的安定剂，而经验则是我的精神食粮。为了减低这种紧张温度，我试着放慢脚步，分散时间，只是我心里很清楚，教职已成了我精神上与情感上不可或缺的良伴。

乔克和我约会近一年，我们之间的关系应了那句老话：相反的事物互相吸引。乔克是一家医院的化学研究专员，工作时终日与各类事物为伍。的确，他喜欢各类不同的东西：汽车方向盘、老旧来福枪、美酒和衣服。在我所交往过的男人中，乔克是唯一拥有燕尾服的一个。或许是因为事物不需要交谈沟通，导致乔克不善言谈。他并非安静型的男人，只是讲起话来从不会浪费一言一语于重点以外的事情。他无法理解说话在某些领域上的实用性。为什么要浪费时间去谈一些改变不了的事情？为什么要讨论那些没有答案的事情？

乔克喜欢盛装打扮、到高级餐厅吃饭、参加宴会以及跳舞。反正他就是喜欢往外跑。再看看我，打开衣柜，看到的不外是普通衬衫、牛仔裤、就是学生时期参加活动所留下来的军用外套。下班回家后，我喜欢待在家中，为自己煮一顿美食，和朋友聊聊天。

我们两人真的是很不相称的一对，但不管差异有多大，我们似乎也都适应得很好。我们经常吵架，但也很快便言合。我爱乔克。他是个法国人，长得高大英俊，颓废的模样再加上一头野褐色头发，整个人看起来就像香水广告里的模特儿。我未曾和如此英俊的男人交往过，这倒让我不禁感到有些虚荣。不过最重要的是，他很有幽默感，浪漫又细心。他把我从工作中拖出来，带领我进入一个非常不同的世界，让我体验不同的人生，弥补我的不足，也总能在出错的边际及时拉我一把。这是一段很棒的关系，只是不易经营。

进入九月份，我和乔克的交往越来越密集，但他也对我的工作有越来越多的抱怨，老说我把工作带回家。我想他说得一点都没错。我现在有布和萝莉要伤脑筋，也想把学校里所发生的事情和乔克分享。我想要乔克去认识认识布的异想世界和萝莉的温柔体贴，因为他们在我的心中是那么的美丽。而就实际层面而言，由于一直以来我都是一个人思考教学方法，我也很希望有个人可以给我些意见，帮我想一些不同的教学方法，让我可以更深入探索我所不了解的孩子行为领域。

然而，聊这些疯狂人物却总是让乔克觉得很无趣。为什么你一定得把工作带回家呢？他说。我静静地坐在一旁听他对我抱怨，悲伤顿时涌了上来。从那刻起，我知道乔克永远不会是我的恐龙。

我得赶回家做晚饭，因为乔克今晚要过来用餐。放了学，回到家，我从信箱中取出一封老朋友寄来的信，这位朋友也是位老师，在另一个州教情绪失调的孩子。

她在信中提到如何教小朋友做冰淇淋的过程。她放弃传统制冰盒，改用冷冻果汁罐子，因为传统制冰盒到最后都会弄得一团乱。用她的方法，不到十分钟就把冰淇淋做好了。

一读到这里，我的心中立刻跳出来一个很棒的主意，一个很适合布、萝莉和我三个人一起做的事情。萝莉对此一定会感到很兴奋，同时也可以给布一次很好的体验。我可以把它融入阅读课及数学课中。

当乔克发现我埋首在冰箱冷冻室时,我正在放第二个冷冻柳橙汁罐。第一个果汁罐已经完成,就放在冷冻室里。

"你在干什么?"他问道,同时往厨房走来。

"嘿,听着,你可不可以帮我一个大忙,拜托?你可不可以跑一趟商店,再帮我买一罐柳橙汁?"我说着,头还是埋在冷冻室里。

"你手上就有一个了。"

摆好后,我关上冰箱门:"我需要三个,但是现在我只有两个。你就好心帮个忙,好不好嘛?钱就放在梳妆台上面。我现在就去准备晚餐。"

乔克看了看我,眉头深锁,让我猜不透他在想些什么。他重重地打了一下他的运动外套衣领:"我以为我们要出去用餐,我已经在亚当牛排馆订好位子了。"

我缓缓吐出一口长长的气,眼光瞟向一旁,看到朋友写来的信就躺在厨房的桌上,那封信对我简直是当头棒喝。我心里很清楚无法对乔克解释这一切,因为他永远都无法理解。

"今天晚上不要,好不好?"我试探性地问,"我来准备晚餐,好吗?"

一听我如此说,乔克的眉头锁得更紧。

我再次瞟了那封信一眼,它是那么高声地对我唱着:"我要做冰淇淋,我的朋友刚刚告诉我一个新方法……"

"冰淇淋可以用买的呀,桃莉。"

屋内所有的动作都暂停了,接着就陷入一片沉静。我注视着他。

"这个不一样,乔克。这是给……呃,这是明天要和小朋友一起做的……你看，我一位住在纽约的朋友凯蒂，她所教的学生和我的一样。"

他不经意地揉了揉眼睛，好似非常、非常疲惫的样子，然后将手紧紧地压住双眼，轻轻地摇了摇头："别又来这一套了。"

"凯蒂在信中跟我提到有关和孩子们一起做这件事的情况。"在我说的每一句话中间，仍然有着很大的暂停空当，因为我必须停下来研究他对我这些话的反应。

然而，我的内心里一直抱持着希望，如果我解释得够清楚，他就会明白为什么我就是不能和他一起出去吃饭。也许改天再去吧，但是今天晚上不行。拜托，拜托？

我一直注视着他的眼睛，想要看到他认同的眼神："我只是在想，也许今晚我们可以试做冰淇淋。我得先试成功，才有办法教孩子们。而且我在想……呃，我是希望……呃……"可恶，他一句话都不说，但是眼神却让我把想要说的话吞了回去，让我觉得自己好像是个小女孩。"呃，我在想，如果我今晚成功了，而且……明天我就可以到学校教孩子们。"又是另一个暂停，"我的孩子们会喜欢这个方法的。"

"你的孩子们会喜欢？"他的声音中有股淡淡的痛苦。

"不用花多少时间的。"

"那我怎么办？"

我低头看着我的手。

"我到底走进了什么地方啊，桃莉？是你的家还是你的教室？"

"拜托啦，乔克，我们不要吵架嘛。"

"我们没有吵架，我们只是在进行成人间的沟通，你懂我的意思吧。我只是想要知道，没有了你，你的那些孩子会比其他孩子缺少些什么。为什么你就不能把他们暂时抛到脑后？只要一次？为什么没有其他任何事情比你那一堆孩子来得重要？"

"还有很多事情很重要呀。"

"没有，真的没有了。你从没有把心思放在其他任何事情上。你的人虽然在这里，但心全都在学校里，而且你还乐在其中。"

我不知该说些什么。我自己甚至都不甚清楚自己是否真的乐在其中，又叫我如何对他清楚解释这一切。我们依然站在光线暗淡的厨房里，我可以听见他的呼吸声。

终于，乔克摇了摇头。他低头看着地板，然后又缓缓地、疲惫地摇了摇头。我感觉出自己对他真是恶劣极了，因为我是那么急着要去试验凯蒂告诉我的方法。他说得没错，不论我的人在何处，我的心都在学校里，从不曾飞到亚当牛排馆。就像之前的许多次一样，我破坏了我们之间的愉快关系。

"乔克？"

他的双眼再次回到我身上。

"对不起。"

"穿上你的外套，我们走吧。"

那晚我一直没有机会试凯蒂的方法。在乔克送我回家后，我到一家二十四小时营业的超市买了一罐柳橙汁。我的冷冻库里一共有一百四十四盎司的混合果汁，分装成六小瓶。凌晨一点半，我准备开始制作冰淇淋。此时，我发现家里没有冰块。

无所谓，反正我已经累得没有力气去在意这些了。于是，我上了床。

翌日，我带着凯蒂的那封信、半打的瓶子以及香草冰淇淋材料等装备，启程前往学校。

"那是什么？"当天下午，萝莉看到我在摆放那些材料时问。

"我们要来做一些好玩的东西。"我答道。

"好玩的东西。"布重复我的话。

"像什么样的东西？"萝莉问，声音中充满怀疑。

"我们要做冰淇淋。"

"冰淇淋？我从没有看过像这样的冰淇淋。"她紧紧地挨在我的身边，想要看清楚我的一举一动。布则在教室远处的角落打起转来。

"你以前看过别人做冰淇淋吗？"我问萝莉。

"呃……没有。不完全。不过我想应该不是像你这样的做法。"

"布！把那个东西放下来！"他已经把一个大碗放在头顶上，有如戴着钢盔一般。

"嘻嘻嘻……呵呵呵……"

"哦，糟了，"萝莉丧气地用手拍了拍她的额头，"这下子他又要脱衣服了。你刚刚不应该对他那样说的，桃莉。这下子他又要把全身脱光光了。"

"萝莉，去把那个碗拿下来，不然会被他打破。布，过来这里。"

我们两人追着要把布抓回来，却反而让他觉得很好玩。"嘻嘻嘻……呵呵呵……"他和我们玩了起来。他头上的碗掉了下来，但没有摔破，被在后面追赶的萝莉踢到角落。

既然碗已经掉下来了，我索性不追他，让他跑个够。我把萝莉喊了回来，继续制作我们进行一半的冰淇淋。在我们一起把碗洗好时，布也已经快脱光全身的衣服。他兴奋地摸着他那圆圆的小肚子，跳下又跳下的，简直就像只小猴子，就连声音都很像。我们这一天无疑是在动物园中度过的。

在我把碎冰铺进水槽上的盘子同时，萝莉把冰淇淋混合物放进碗里，而布则绕着我们又舞又笑。在我身旁的台子上，摆着三个大咖啡罐，里头分别放着柳橙汁瓶子。我小心翼翼地撒上盐和冰。

"现在，桃莉，我去把冰淇淋的材料拿过来。"萝莉喊着。

"不，萝莉，等一下。那个太重了，你拿不动。你等一下，我把这些罐子拿到那个桌上。"

"不用的，老师，不会很重。我很有力气的，你知道吗？"

"萝莉，等一下，好不好？"

她不听我的话，双手捧起半碗满的冰淇淋材料，吃力地往桌子方向移动脚步。我的碎冰还来不及铺好，因此只能眼睁睁地看着一场灾难发生，而无法及时预防。

还没走到桌旁，萝莉手上的碗便掉了下去，碰撞到桌角，扎扎实实地摔个粉碎。碗内的冰淇淋材料溅了一地，溅湿了桌巾，也溅得萝莉一身。

萝莉吓傻了。的确，我也是。就连布也被这一幕吓得一动也不动。

"我不是故意的。"她恐惧地低声说道，悬在眼眶的泪水让她的声音变得尖锐。

她的语调缓和了我的情绪，我恢复镇定。实在很难不说出"我早告诉过你"之类的话，于是我深深吸了一口气："听着，我知道你不是故意的，这种事情常常发生。"

"我不是故意的，对不起。"

"我明白，萝莉。没有发生这样的事情当然是再好不过了，不过既然已经发生了，最好的解决办法就是把它清理干净。"

"我不是故意的。"

"萝莉，我知道你不是故意的。别哭了，这没什么大不了的。"

她依然不动，甚至也不看我一眼，任泪珠滚下她的脸颊，未曾伸手去拭擦，一双眼睛直直地盯着那个破碗。布走到我的身边，好似被这个小小的意外打醒了脑袋一般。我蹲了下来，开始收拾地上那些碎碗片。

"对不起，我不是故意的。"萝莉又说。

我瞪着她："萝莉？"

"我不是故意的。"

"你还好吗，萝莉？萝莉，看着我。"

"我不是故意的。"

忧虑令我的心跳加快。我站起来，手中仍握着碎片，仔细地看着她："我知道你不是有意的，萝莉，我听到了。我没有生气。没有关系的，不要把这件事情放在心上。"

"对不起。"她又说，声调仍是紧绷的，像一个受惊小孩的尖锐声调。她还是没有看我。

"萝莉？萝莉？怎么了？"她在怕我。很明显地，她的害怕并不单纯是为了打破碗。癫痫？这个名词快速闪过我的脑际。虽然我以前也带过许多有癫痫症状的孩子，但没有一个像她此时这个样子。我摸了摸她的肩膀："你还好吗？"

她的脚底有如生了根一般，动也不动。她一次又一次地低声说着对不起，说她不是故意的。我被她这种异常的行为吓得完全不知所措。最后，我走到水槽处，拿了一个水桶和几块海绵，自己一个人开始清理混乱的教室。萝莉还是被某种我不知道的力量所麻痹着。

布受惊吓的程度似乎不在我之下。这一吓把他吓得有反应了，他先前的僵硬和狂热错乱全都不见，反而带着关心的眼神看着我们。

为了解除不断累积的紧张，我开始唱起布仅知的一首歌。他也自然地跟着唱了起来。

"农夫有一只狗，它的名字叫宾果……"我唱着。

"宾果！"布大喊，眼睛瞟了一下萝莉，"宾果！"

我跪在萝莉前面的湿地毯上，用海绵擦着她衣服及长袜上的冰淇淋材料。我可以听到她急促又微弱的呼吸声，看到她脸颊上留着的两道干泪痕。此时，她的眼神盯着我看，然而眼神中尽是空洞。

我往后坐在小腿上，和她面对着面，非常地靠近。有好一会儿，我们就那样一语不发地注视着彼此。最后，我缓缓地抬起手抚摸她的脸颊，捧住她的脸。

"怎么了，萝莉？能不能告诉我呢？"

"我不是故意的。我知道你告诉过我不要那样做的。"她有如梦中呓语般地说。

"发生了什么事？告诉我到底是怎么一回事。"

"我知道你告诉过我不要那样做的。我不是故意的。我不是故意要那样做的。对不起。"

"萝莉？"

"你会打我吗？"

她根本不是在对我说话，而我不知道她心中那个对话的对象是谁。她这种诡异的行为吓坏我了，原本捧着她的脸的双手不由自主地猛摇着。我们的距离近得连她吐出的气都可以温热我的脸，然而她还是空洞地看着我，好似还有另一个人存在，但那个人并不是我。

"别打我，好吗？拜托？拜托，不要打我。"

布也靠了过来，紧挨在我们两人旁边，双手轻轻地拍着腿。每隔几分钟，他便伸手摸摸萝莉，摸摸我。

"萝莉，是我，我是桃莉，我们现在正在学校里。"

这到底是怎么一回事？我见她还是没有回应，便站了起来，伸出双手将她抱进怀中，走到教室一角的摇椅上，坐了下来，并将她放到我的大腿上。她还是全身僵硬，我只得把她僵硬的四肢摆成比较舒适的姿势。突然，毫无预期地，她整个人放松了，整个人融化在我的怀中。我默默地摇动椅子。

我不知道她曾经发生过什么事，可能未来也不会知道。是某种莫名的癫痫？还是压力反应？我不知道，从她身上也找不出一丝线索，不过这却是我教职生涯中最可怕的一次经验。

我无意识地紧抱着她，来来回回地摇着她。在一旁看着我们的布也走了过来，配合着我们的韵律，用脚后跟前前后后地摇了起来，但眼光未曾片刻离开过我们，整个人充满警觉。接着，他做了一件以前从未做过的事。他自然地伸手摸我，摸我的脸颊，摸我的唇，我的下巴，像个科学家一样，一边摸索一边研究着我，然后他爬上摇椅和我们挤在一起。

我们三个人，就那样一个叠一个地坐着。萝莉压靠着我的胸部，布坐在摇椅的扶手上，双腿横跨在萝莉的腿上，同时拉过我空着的一只手去抱着他的身体。他缓缓地让身体前倾，头靠着顶着我的下巴的萝莉的头。他一手抓着他的小鸡鸡，另一只手温柔地抚摸萝莉的脸颊。"宾果，"他开始唱了起来，声音清亮有如天使，"宾果，它的名字叫宾果。"

我被那一刻那种心酸的荒谬所震撼，竟然会有人想要冒险加入我们，和我们共同挤在一张椅子上。全身赤裸的布，失落的萝莉，还有我。这一幕景象突然让我想到乔克，可惜他无法体会。

与家长会面

"而我所希望的,不过就是布能够叫我一声妈妈。"

我需要家长,一直都需要家长来填满我们这个缺块的拼图,让我知道孩子离开学校后所发生的一切事情,向我保证他们也和我一样关心并担心这些孩子。

我没有自己的孩子。所以不管我有多么希望,我都很清楚,我并无法完全了解该如何为人父母。一天六个小时同时带四个小孩,以一对一换算,正好是二十四小时。只是,情绪无法像时间一样可以换算。

为此,我想要和布的母亲谈谈,希望了解布的家庭生活。当我为布做规划时,我必须知道什么样的规划对他最有利。总之,我要她知道我很在乎这一切。

她每天送布到教室却从未进来;我站在教室外面等她,她便会找借口匆忙离开;我打电话到她家,她不和我说话。显然,法兰克林太太刻意在逃避我。

家长会在十月份的最后一个星期举行。由于我有好几个资源学生，因此有好几个家长会场次要参与。我不必刻意把握时间和萝莉的父亲交谈，因为我们的互动一直良好，但关于法兰克林太太可就完全是另一回事了。就算真的能够在家长会中掌握住她，我也不想在仅有的十五分钟中逼她说出布七年半的生活过程，那样只会吓跑她，而且对我一点好处都没有。于是，我把跟她见面的时间排到第二天的最后一个，大约下午三点左右。

她真的出席了。

"我的孩子在学校一切都还顺利吧？"她问，声音细小到我不得不请她再说一次，"我要他学习讲话，就像其他男孩那样。你现在教会他讲话了没？"

"我想布在这里的学习很顺利，法兰克林太太。"我以保证的口气说道，"我们有很多事情要做，布和我，我们很努力地在进行。我很高兴他能够加入我的班级。"

"但是你并没有教他直接开口讲话，对不对？"

"我想现在要做到这一点稍嫌太早些。"

"但是你并没有教他直接开口讲话，对不对？"

"没有，"我说，"还没有。"

她的头颓然垂下，显得坐立不安，我不禁担心她会起身离开。

"我。"我说。

"我不要他们把他带走，"她打断我的话，依旧低头看着她的手，"我不要他们把他送到没有温暖的收容所，我不要他们带走我的孩子。"

"我看不出来谁会这样做,法兰克林太太。"

"查尔斯,我的丈夫,他有时候就会这样说。他说,如果布没办法像其他男孩那样讲话的话,等他长大时,他们就会把他关到收容所,到时候我们就再也无法照顾他了。查尔斯,他知道那些事情的。他说布有病,他们不会让有病的孩子和他们的家人住在一起的。"

"布没有生病,他只是不一样罢了。"

"查尔斯说他们会把他带走。那些医生,他们会把他带走。他们告诉查尔斯,如果布学不会说话,他们就会把他带走。"

我发现法兰克林太太根本听不进去我的解释,她显然非常害怕。

"那些地方都不是什么好地方,小姐,那简直就是疯人院。我就曾经看过一家。

"我住在阿肯色州的舅舅就曾被送到那种地方。我看过。有一个大男孩,一个非常大的男孩,几乎可以说是个男人了,他的症状就和我的布一样,我看到他全身赤裸地站在自己的尿液上,一直哭,一个大男孩,几乎可以说是个男人了。"她伸手拭擦悬在眼眶的泪水,"那个男孩,他也是某个母亲的儿子。"

她的情绪太紧绷,以致或许连我都无法安抚她。我们谈了好久,从三点聊到黄昏还欲罢不能。这次的谈话让我了解了布大致的生活状况、嗜好、成长过程;我也与她聊到我的恋爱,我身在异国的思乡情愫;最后我们的话题还是回到她的儿子身上。

布的出生是个意外。当时他的父母尚未结婚,原本不打算生下他。尤其法兰克林先生是白人,法兰克林太太是黑人,这个种族问题更成了他们婚姻的严重阻碍,最后他们两人私奔到美国北方,想要建立一个比较好的家庭生活。法兰克林先生的家族从此与他断绝往来，而且自那天后的八年，法兰克林太太未曾再见过她母亲一面，当时她的父亲已经过世。不过，她的手足倒都还和她保持不错的互动。

布出生的头几个月，一切似乎都很正常。和一般同龄的婴儿相较，虽然他显然比较安静，但小儿科医生教他们不用担心。虽然布在学坐、学走路方面都比一般孩子来得慢，但也都还算在正常范围内，甚至在一开始的第一、二年，他还学会说几个字。狗狗。再见。饼干。几首摇篮曲。然后大约到十八个月大时，变化开始出现了。他开始不停地哭，任谁都哄不了他。晚上，他会在他的婴儿床内滚来滚去，用头去撞墙。他不再对身边的人感兴趣，反而对灯光、反射光线，还有他自己的手指感兴趣。他不再开口讲话。

一直到布三岁时，他们夫妻才知道事情的严重性。在这之前，他们还是一直看同一个小儿科医生，他还是一直向他们保证，说这种发展迟缓只是"阶段性的"。

然后就在布三岁的时候，在他的妹妹出生之前，法兰克林夫妇把他送到幼儿班就读。就在那里，有人指出了布的自闭症特征。

为了追求奇迹治疗，从第一次诊断出自闭症到加入我的班级的这几年间，法兰克林夫妇不但饱受心疼孩子的折磨，也几乎用尽家产。他们卖掉房子和一切，迁居到加州，只因为听说那里有一所非常适合布这类孩子就读的特殊教育学校。经过九个月的训练未见任何进步之后，学校决定放弃他。接着，他们又迁居到宾州，因为那里有一所专门教育大脑受损孩子的学校，但一段时间后，学校又放弃了他。三年就这样过去了。这段期间，法兰克林先生一共做了十二种不同的行业，为了平衡家中的开支，经常是三个月就换一个工作。婚姻、情绪及财务状况全不停地往下沉沦，而布却依然没有进步。的确，每到一所学校，一切都得重新来过，新的教学方法，新的诊断，诊断前一所学校为何无法教他。到最后，一切都还是回到了原点，每个学校都放弃了他。辛苦了那么久，法兰克林夫妇看不出他有任何的改善。疲惫加上丧气，他们最后决定将布送到公立学校就读。那是去年的事。

原本摇摇欲坠的婚姻还是维持了下来，法兰克林夫妇的教育程度都不高，也不知道该如何面对这个男孩所带给他们的问题。当情况越来越糟糕时，法兰克林太太疲惫地说，很难不去责怪某人，尤其是当每个人都想找个人责备时。然而……然而，他们爱这个孩子，这是再确定不过的。

我最痛恨听到这类的故事，比听到残暴的虐待还要痛恨，比听到孩子被忽略与受苦更痛恨。我敢说这类故事根本就找不到答案。

"真的很辛苦，"法兰克林太太低头看着桌面，"我妹妹的小孩比布小四个月，她经常写信告诉我马林的学习状况，他现在就读小学二年级，还入选为教堂儿童合唱团的一员。"她抬头看着我，"而我所希望的，不过就是布能够叫我一声妈妈。"

星期五是万圣节，布、萝莉和我合力布置教室。依照本校的传统，在万圣节这天，早上必须照常上课，下午则穿着他们的万圣节服装返校参加宴会。整个十月，萝莉不停地和我讨论这件事，她想要参加宴会，因为她想要穿万圣节服装。我想，与其让她留在这里和布及我一起过节，还不如留在她自己的班级参加宴会来得有趣。在和艾娜讨论过后，她也欣然同意。

另一件对萝莉很重要的事情是她的服装。在万圣节前两天，为了服装问题，她已经快要想破头了。

"我可以扮成女超人。我的朋友泰蜜要扮女超人，你觉得我也可以扮女超人吗？"

突然间她一阵脸红，脸上泛着傻笑："你知道吗？"

"知道什么？"我问。

"我可以扮梦游女人。你知道为什么吗？"她瞄了布一眼，看看他是否在偷听，然后她靠过来悄悄地说，"因为我穿着梦游女人的内衣。这里，你看。"她掀起洋装让我看里面，"你看，我穿着梦游女人的内裤，还有衬衫。你看，它们都是丝布做的。摸摸看，我爹地说它们很性感。"她咯咯笑着。

"我可不这么认为，你不能就这样穿着内衣裤到学校参加万圣节宴会，萝莉。"

"没错，我也觉得行不通。"她想了一会儿后说。

和我讨论了两天后，萝莉决定扮成巫婆。

"我爹地帮我做了一件洋装，又长又黑，有一件穿在外面的黑色长披风，另外还有长长的黑头发，那是昨天晚上我爹地用拖把染黑的。他还做了一顶尖尖的帽子。所以我不但有长头发，还有尖帽子。你猜还有什么？"

"什么？赶快告诉我呀？"

她神秘地咯咯笑着："我还有烂疗！"

"不会吧！"

"真的！昨晚我在商店里买的假烂疗，我还是用我自己的钱买的呢。"她用手捂着嘴笑着，"你猜另外还有什么？"

"什么？"

"我打算去吓我姐姐。我的服装比她的还棒，她没有烂疗，因为她把全部的零用钱都拿去买糖果了。"

"哦，萝莉，这下子她可得小心喽，对不对？"

当天下午，布和我有我们自己的计划。他还未学会马桶的使用技巧，但我又痛恨他整日穿着尿布，因为那只会让这项训练变得更困难；曾经有过几次，他企图想要使用马桶，只是到最后还是尿在尿布上，因为他不知道如何拆开尿布。尤其当有萝莉在场的时候，这项训练总是变得更困难。趁着这个下午萝莉不在，我们两人准备到女厕中好好地互动一下。我考虑带布到附近的商店买东西。我们两人一直没有机会单独相处，再者我也想买一些冰淇淋材料，准备那一天再来试验一次。

布和我仍然在女厕。一本《一天马桶训练术》覆盖在水槽上，一旁摆着一瓶柳橙汁让布补充水分。休息室的门是开着的，以防我们聚精会神地上训练课程时，有访客进来。

"桃莉！"走廊的远处传来啼哭的叫声，"桃莉！"

我走到休息室门口，探头望着外面。

萝莉拖着一身长长的巫婆服装挣扎着步下走廊。"桃莉！"一看到我，她便忍不住哭了起来。泪水洗掉了脸上的巫婆妆，在她的脸颊上留下两道黑黑的泪痕。

"怎么了，甜心？"

"找不到你，我好害怕。"她把脸埋进我的牛仔裤里。

"怎么了？发生什么事了？你这一整个下午都应该待在索森太太的教室里的，记得吗？就连下课时间也一样。你忘了吗？"我抬起她的下巴，一个假烂疗黏在我的牛仔裤上。布突然从厕所里跳出来，裤子还挂在他的脚踝处。

虽然我捧着萝莉的脸，但她还是不看我。她别开头去，倾身过来靠在我身边。最后，我弯下腰拉起布的裤子，帮他穿上。"你要不要回来和我们在一起呢，宝贝？"我问她。

她点了点头。

进了休息室，萝莉走到工作桌，颓然地沉坐在一张椅子上。我还是不知道到底什么事情让她不高兴。我走了过去，坐在她身边的桌面上："到底发生了什么事？只是因为你在这里找不到我们吗？是那样吗？"

她不理我。在泪水的冲刷下，她脸上的另一个假烂疗慢慢地滑下来，掉到桌面上。

萝莉用一根指头将它粘起。

"是不是教室里发生了什么事？"

她点点头。

"如果你愿意说给我听的话，也许会有帮助。"

她摇摇头。

"你不想？"

又摇头。

在教室的对角,我看到布开始解开裤子,我起身想过去看看他要干什么。

"留在这里陪我。"萝莉说。

"好。"我坐回桌子上,对布瞪了一眼,要他把衣服穿好。他则对着我拍手。

"米奇·尼尔森说我是个智障,"萝莉低声呓语,"他说这是个智障班级。"

她仍旧低着头,手指玩着拖把做的头发。

"他说我是全校最智障的孩子,他说我连幼儿园的小朋友读的书都看不懂。我是个大智障。"

"你知道那句古老的谚语吗,萝莉?那句'棍棒和石头会打断我的骨头,但言语却伤不了我'?"

"知道。"

"不是很正确,对不对?言语还是会伤人,而且伤得很重。"

她点点头。

"我猜并没有那么严重,"她淡淡地说,"我猜也许他说得没错。我在幼儿园时被留级,也许我连一年级都会被留级。"

远处的布正盘腿坐在地上。他看起来就像个小精灵,煞有介事地打坐休息之际,眼睛还片刻不离我们。

萝莉抬起头来看着我:"他说的话是真的吗,桃莉?我真的是一个智障孩子吗?"

我以手指抬起她的下巴,以期在灰暗的黄昏光色中把她看得更清楚。这么美丽的一个孩子。为什么这类的孩子在我的眼里都如此的美丽？他们的美丽有时甚至让我觉得无法呼吸，教我怎么看都嫌不够。我不禁困惑，他们真的那么美丽吗？抑或只是我自己的感觉？

"桃莉？"她碰了碰我的膝盖，唤我回神。她的问题已经超越语言之外，此刻正停驻在她的眼中。

我的问题没有答案，她的问题也没有答案。我看着她，我能够诚实地对她说些什么呢？说了之后就能够让她感到安全吗？不，她不是智障，是米奇·尼尔森乱给她贴标签。我可以这样告诉她，或者，我可以告诉她说米奇在说谎，至少对我来说是如此。米奇并不知道他自己在说些什么，只是他的话似乎比我的更真实。

缓缓地，我用手将她的头发由额头往后梳，顺便将那顶尖尖的帽子戴直。她是如此的美丽。

"你没有什么问题，萝莉。"

她的眼睛盯着我的脸。

"真的，你一定要相信，不要听别人乱讲。不论如何，你真的没有问题。"

"可是我看不懂字呀。"

"海瑟就看得懂啊。"

"海瑟是谁？"

"一个真正智障的男人。"

摧毁一切的汤玛索

"你到底哪里不对劲儿?为什么你不像其他人一样地痛恨我?你凭什么觉得自己很特别?"

"午安,汤玛索,"我说,"我叫桃莉。我将是你下午课的老师。"

"你不要管我,听到没有?打死我都不会留在这个地方的。这是什么鬼地方?"

我们互瞪着彼此,我就站在他和门之间。黑色外套下,他双肩紧缩,背脊弓起。

以他的年龄而言,他的个子算高,但太瘦了。油腻的黑发垂悬在那双愤怒的眼睛前。愤怒,愤怒的眼睛。毫无疑问地,他是个移民小孩。他那双手又粗硬又长茧,因为他十岁大便已开始下田工作。

我事前对汤玛索完全没有心理准备。这个早上柏克来了一通电话,然后这个孩子就出现在这里了。第一眼看到他和他那无惧又叛逆无礼的样子时,已猜到他被送来这里的原因了——无法融入学校的教育体系。

"这是什么臭地方啊？"他又高声地重复一次。

萝莉走过来站在汤玛索和我之间，给他一个深远赞美的眼神："这就是我们的班级。"

"你又是什么人？"

"萝莉·安·史乔汉。你又是谁呢？"

"他们把我塞到什么样的一个班级？婴儿班吗？"他看着我，"去他的！我已经待过这种讨厌的婴儿班了。"

"我不是婴儿。"萝莉抗议道。

"可恶，烂婴儿班，这里就是个烂婴儿班。里头还有小女孩，去弄个茶会吧，甜心。"他对萝莉说。

她嘟着下唇："我不是婴儿，我已经快要八岁了！"

"去他的。我不要待在这个地方。"汤玛索挺起双肩，高举着一只握拳的手，"你不要挡着我的路，我要走了。如果你敢阻止我的话，我就把你揍扁。"

一想到他揍人的景象，我的胃不由得一阵紧缩。我什么都没说，在这个时候说什么都无济于事，愤怒就像绿色的野火一样占据了他那双黑色的眼睛。

正当我们站在那里打量着彼此之际，法兰克林太太在我身后打开门，把布推了进来。咔，门随即被关上。

"黑鬼！有一个黑鬼在这里！让我出去！"汤玛索大叫着，"我不要待在一个有黑鬼的地方。"

站在一旁的萝莉气愤不已："他不是黑鬼。那是布，而且你不应该那样骂他。"

她走过去拉着布的手。

我转身把门闩上。

"那样也阻止不了我的，"他说，"我很轻易就可以把它打开。上锁也没用，你是关不住我的。"

"闩门不是为了你，"我答道，"是为了他。"我指着布，"他有时候会走失，而闩上门可以让他待在这个房间里。"

汤玛索怒视着我，外套内的双肩高高耸起："你恨我，对不对？"

"不，我不恨你，我们彼此根本还谈不上认识。"

突然，汤玛索转了个身，抓住一把椅子，利落地将它举到头上，然后用力将它丢到教室的对角。萝莉被这个举动吓得尖声啼哭，布则躲到桌下。

两个孩子的反应似乎让汤玛索很高兴，他索性大闹一番，打翻桌椅，将我桌上的东西全部扫落到地上，萝莉的作业簿也被撕得粉碎。我守在门前不曾移动，准备让他闹个够。

汤玛索停了下来，转身对着我："好了。这下子你恨我了，对不对？"

"如果你指的是你刚才的行为，那么我必须说我的确不喜欢，"我答道，"不过我并不恨你，而且我也不喜欢你这么努力地想要让我恨你。"

"可是你很火大，对不对？我把你惹火了，对不对？"

可恶，这个小鬼到底想要怎样？我不知该对他说什么。我并没有火大，也不恨他。确切地说，我在那刻的感觉应该是恐怖，只是我也不想承认。我在牛仔裤上擦了擦我又冷又湿的手掌。柏克让我在完全没有准备的情况下来面对这个孩子。

"我敢说你一定觉得我会为自己的行为感到难过，"他说，"嗯，我不会。你看，我现在就让你明白。"他从柜台上抓起一株天竺葵，用力地往地上摔。

"看到了吧。"

我用背抵着门以防他出去。我的脑海不停地转着，期望在他把整个教室捣毁之前想出解决之道。

"老天，你到底是怎么回事？"他说，"你变成哑巴啦？你怎么一点反应都没有？你怎么都不会生气？你这还算是正常人吗？你是不是某种疯狂老师？"

"我不会中你的计的，汤玛索。我一点都不觉得生气。"

"你不生气？你不生气？"他的声音听起来非常愤怒，"你到底哪里不对劲儿？为什么你不像其他人一样地痛恨我？你凭什么觉得自己很特别？"

"汤玛索，坐下。脱掉你的外套并坐下，该是我们开始上下午课程的时候了。"

他随手抓起一个破茶壶朝我丢过来。我知道他不是有心的，因为如果真是有心，以我们如此近的距离应该很容易打中我的。所以我想他是故意丢偏的。

"你打算怎么处理我？退我的学？你会去告诉校长吗？"

"不。我会一直等，等到你决定上课的时候。"

"嘿，老兄，我永远都不会做决定的，所以你最好还是放弃。"

我等着，两边腋下开始冒汗。我夹紧双臂，阻止汗水流下来。

"换成是我以前的那些学校，他们早就打电话给警察了。他们还把我送到少年感化院。所以你是吓不倒我的。"

"我并不想要吓你，汤玛索。"

"我才不在乎你想不想，我什么都不在乎。"

"我只是在等待，如此而已。"

"如果你愿意的话，大可以把我送到校长室去，他会狠狠地惩罚我的。你以为我以前没有被惩罚过吗？已经有过上百次了。你以为我会在乎吗？"

我一语不发地等着。

"哈呼。嗯噗。噗噗。"见到我毫无回应，汤玛索开始弄出一些嘈杂声，他还没有打算让步，还是摆出一副高高在上的姿态。

我大胆猜测汤玛索并不是真的想离开。虽然没有任何征兆可循，但我可以感觉得出来。我仔细地研究着他，猜测他只是在装腔作势。我离开门前，从他身旁走到教室的另一端，把椅子扶正，把文件收拾整齐放回我的桌上，并坐了下来。然后我挥手示意萝莉过来，开始拿起字母卡与她一起练习。如果他选择打开门走出去，我也只能没有选择地出去把他拖回来。

正常课程被这个突如其来的孩子打断，布感到很不高兴。他前前后后地摇着他的椅子，手指在眼睛前面不停扭绞着。我走过去安抚他，他则抓住我的手臂，闻着我的皮肤。

汤玛索朝我们走了过来，站在我椅子的后面。我看不到他，但听得到他。

"你会讲西班牙话吗？"他问。

"不会，讲得不好。"

"嗯，骄傲的白种人。我不要和一个白人老师待在同一间教室中。"

"你要我讲西班牙话？你会讲西班牙话吗？"

"我当然会，我是西班牙人。你是怎么了？瞎了或什么的？我父亲，亲生父亲，他的祖父就是从马德里来的。真正的西班牙，不是墨西哥。我父亲的祖父，他斗牛。"

"真的吗？"

"真的，我没有说谎。我父亲的祖父斗过活生生的牛。"

"他一定很勇敢。"

"那还用说。他有可能死在斗牛场上的，但是他没有。他真的、真的很勇敢，没有人比他更勇敢。"他停了一停，"比你还勇敢。"

"或许吧。"

汤玛索依然站在我的身后，让我看不到他的脸，所以和他说话时，我的眼睛看着萝莉和布。萝莉的眼光随着我们两人的对话转来转去，布则又开始手指对着手指地拍了起来。

"那个小鬼怎么了？"汤玛索问，身体靠得更近，就快贴上我的右肩，"为什么他的手老是那个样子？"

"有时候，当他害怕或对事情不确定时就会那样。那样会让他觉得好一些，我猜，其实我也不太清楚。他还不会讲话，所以无法告诉我们。"

"那让他看起来很奇怪。这是个什么奇怪的鬼地方？她又是哪里不对劲儿啊？"他指着萝莉。

"我没有不对劲儿！"萝莉急切地答道。

"萝莉。"我说。

"是没有不对劲儿啊。"

"我知道,可是汤玛索是新来的,他还不认识我们而且他有疑问。"

"那么,他不应该问那些问题,那些都是很不礼貌的问题。"她的声音中透露着愤怒,"他进来这里骂我们每一个人,然后破坏了我们的东西,而你却没有任何反应。他叫布是黑鬼,这真的很讨厌,难道你不知道吗?他还撕破了我的作业簿,那是我费了好大心思要做给我爹地看的。"

"萝莉,"我柔和但坚定地说,"现在不行。待会儿我会帮你把它们弄好的,但现在先把这件事搁到一旁,好吗?"

她无语地拍着桌面。

一时之间大家都沉默不语,我也不知道为什么会这样,只是突然之间大家无语地互相注视彼此。我的脑海一片空白。汤玛索走过来在一张椅子上坐下。布整个头压在桌面上,嗅着桌面的味道。我伸出手去阻止他。

"布,看这里。"我试着用字母卡分散他的注意力。

"布?"汤玛索说,"这是什么怪名字?难怪这个孩子是个疯子,他的声音听起来跟鬼没有什么两样。去他的。"

萝莉的怒气还未消,瞪着坐在桌子对面的汤玛索。

"你在瞪什么,小鬼?老天,你看我的样子好像我有三头六臂一样。难道没有人告诉你,说那样瞪人是很没有礼貌的吗?"

"你的爹地为什么会让你说那种粗话?"她问,"要是我爹地听到我讲那样的话一定会打我屁股的。"

汤玛索的姿势有了奇怪的改变:"如果你不闭嘴的话,我会把你打得黏在地上,把你的那张小脸打得稀烂。"

"难道你的爹地一点儿都不在意你这样吗？"

"闭上你的鸟嘴，行吗？去你的，你真的是个很讨厌的小鬼。"他把椅子转了个方向，不想和她面对面。"她错了，你知道的，"他对着我说，"我爸爸很在意的。我的亲生爸爸，他现在在德州，要是他知道我被送到寄养家庭，还被塞到这种可恶的婴儿班级，他一定会来把我带走的。"

我点点头。

"我真的不属于这种婴儿班级。我的亲生父亲，他很快就会来，他知道我在等他。"

下课时间，我有两个助理协助带三个孩子到操场去玩，我则到办公室去快速地翻了一下汤玛索的档案。

档案里的资料实在有限，他就像无数的移民孩子一样，每年都穿越这个国家的好几个地方。他的教育程度记录得并不清楚，不论他到哪个地方，当地的学校都未曾认真地追踪他过去发生些什么事，甚或现在发生些什么事。

档案中唯一比较清楚记录的是他的家庭背景，他的成长背景和我教过的许多学生的状况都很像。他出生在德州，但据说也有可能是在墨西哥。他的母亲在他还是个婴儿时便去世。五岁时，他的继母枪杀了他的父亲及哥哥……我停了下来，重新念着刚才那一段：枪杀了他的父亲。这么说来，汤玛索一定目睹了整个过程。

父亲过世后，继母进了监牢，唯一幸存下来的汤玛索被安置到国家监护中心，辗转经历过七个寄养家庭，然后一个自称是他叔叔的人出现将他带走。后来华府当局发现,七岁的汤玛索在田里采草莓,而且从未去过学校。然后他在科罗拉多州时被查到有受虐的状况,当局于是解除他叔叔的监护权,再度把他送到寄养家庭里。在整个档案中,"反社会人格"、"无法培养依附性格"等字眼不时地出现。待在寄养家庭四个月后,他又回到叔叔的身边,并搬迁到我们这个州。再次听到汤玛索的消息时,他已经以五百元的价格被卖给一对密歇根夫妇。在发现这个孩子根本恶劣得无法控制时,那对夫妻欲向他的叔叔要回五百元,但因苦于找不到他,于是向当局揭发。他的叔叔被捕后,汤玛索又回到本州,进入寄养家庭体系中。

他的学校教育一直很不稳定。晚就学再加上经常搬家,他几乎未曾在一个学校待过超过四个月,似乎也没有人知道应该将他放在几年级。在华盛顿州时,他们让他读一年级;在科罗拉多州时,他就读二年级和三年级;在本州就读二年级;在密歇根州读三年级;然后又回到本州就读四年级。他在不同州所测得的智商分别为九十二和八十七,各个科目的学习进度都严重滞延,数学程度几乎比同班同学慢一年,阅读能力大约只到一年级的程度。

然而,那年的十一月份他被送到我这个班级,原因却和他的智商、出席率或课业程度的不足无关。原因是再明显不过的,经过了无数努力想要将他纳入主流教育系统而不得后,老师们终于放弃了他。由于当地没有安置特殊情绪失调孩子的班级,当局于是决定将他送到家庭机构,让寄养家长管束。但是他们还是无能为力,因此我的班级就成了他们的最后选择。就这样,他成了我下午班级的新学生。

下课时间结束后,情况与早先并没有两样。布依然紧张不安,不论我多么努力地分散他的注意力,他还是不停地转着身体。萝莉恨恨地做着她的功课,汤玛索还是高度戒备着。这种难以控制的状况开始让我觉得欲振乏力,顿时觉得无限疲惫。

"这个字母是什么?"我用手指指着盐盒上的字母。

萝莉不安地在椅子上转来转去,察看汤玛索是否在看她。他是在看她。

"看着这个字母,先直的再横的,这个字母是什么?"

萝莉犹豫了好一阵子。汤玛索站起来看我手指下的那个字母。

"你可以帮帮她吗,汤玛索?你可以给她一些暗示,好让她猜出这个字母是什么吗?"

"什么样的暗示?"

"一些让她可以想出这个字母的暗示,不过不要直接告诉她答案,只要暗示就好了。"

他皱起前额。

"先直的再横的,萝莉。什么字母是先直的再横的?"

"R?"萝莉非常细声地说。

"R!"汤玛索大叫,"R?猪头啦!这个女孩儿是个白痴!你是不识字或怎么啦?看着那个字母,那不是 R。"

"汤玛索,你那样不是我指的暗示。也许你可以告诉她一些这个字母开头的单字,那样会比较有帮助。那就是我所指的暗示。"

萝莉愤怒地瞪着他。"要是他继续待在这里的话,我就不做功课。"她对我说。

汤玛索微微一笑,摇了摇头:"你看不懂,对不对?"

"汤玛索,"我说,"你知道的,你不可以那样欺压别人。这间教室里没有多少规矩,但那就是其中一条。你不可以欺压别人。"

"我没有啊,去他的,我只不过是把事实讲出来罢了。"

"你才不是呢!"萝莉大喊,"你故意要惹我气你,就像刚才那样。你喜欢人们痛恨你。"

"我没有。你给我闭嘴,否则我就把你打得黏在墙壁上。"

"嘿,嘿,嘿,你们两个够了没有!冷静一点。"我说。

萝莉从椅子上跳了起来,冲到教室另一边的动物笼旁,一会儿后,她扑通地坐在地板上。

"我做了什么了?我做了什么了?"汤玛索高着声音、态度傲慢地说,"真是个他妈的小婴儿,她就是那样。"

毫无希望了。如果连萝莉都拒绝这个孩子,那么他还有什么机会和希望可言呢?

我疲惫地站起来,走到萝莉的身边和她讲话,让布和汤玛索各玩他们的。不久,布走了过来,啪的一声坐在我的身边。汤玛索还是一个人在一旁玩着。

那个下午真的很漫长,汤玛索一直很不合作,而我也不愿催促他。萝莉的怒气一直未消,布则心不在焉,不过,至少我引导他们两人一起做劳作,好让自己有时间和汤玛索单独相处,教他懂得一些基本规矩。他一看到我朝他走去,便起身跑到水槽下面的柜子,打开柜子,钻了进去,并关上门。我忍住想要踢门的冲动,回过身和两个孩子一起做劳作。

"要是我爸爸知道他们把我放在这种低级的班级,他一定会来带我走的!"汤玛索躲在柜子里大叫着。

他发现没有人理他,于是打开柜子的门。

"他会带我走的。等他发现他们把我送到寄养家庭,又把我送进这个可恶的班级时,他会带我去和他一起生活的。"

萝莉抬眼望过去,并沉思了好一会儿。我猜不透她心里在打些什么主意。她顿了顿,转头看看我们手上的劳作,然后又回头看着汤玛索躲藏的那个小洞。"你可知道,"她说,"我也曾经住过寄养家庭。"

"我要在寄养家庭一直住到我爸爸找到我。"

"他在哪里呢?"她问。

"在德州,我刚刚已经告诉过你了,你怎么不把你的耳屎挖一挖或什么的?"

"为什么他在德州而你却在这里呢?"

"我猜他在那里赚钱,好把我带过去和他住在一起。"

"哦。"萝莉说。那是一段很奇怪的对话,她的声音已听不到先前的怒气,而是一种我无法确定的犹疑。我们三个人距离汤玛索约六尺远,她一面对着他讲话,一面做着劳作,但始终都没有抬起头来。汤玛索依然躲在柜子中。

"你为什么会被送到寄养家庭?"汤玛索问。

萝莉顿了顿,停下手中的工作,双手举到齐头的高度,沉思了一会儿。她依然没有转头看汤玛索,只是耸了耸肩:"我不知道。我猜他们可能是受不了我了吧。"

"谁?你的家人吗?"

萝莉点点头。

汤玛索踌躇了好久，终于走出柜子，过来站在我们的身旁："你是怎么知道的？我是说，你怎么知道他们不要你了呢？"

萝莉耸耸肩："我就是知道。"她还是没有抬头，专注地做着劳作。

"你想念他们吗？"汤玛索问。

萝莉又耸肩："我想会吧，我也不知道。我现在有另一个家庭了。"

"是呀，"汤玛索说，"我也是。"

他信步走开，漫无目的地来来回回走了几分钟："嘿，老师，你有胶带吗？"我要他自己到我桌子的抽屉里去找。

"找到了。"汤玛索走回来。过了一会儿，他把萝莉的作业本啪地一声放在她的大腿上，"我已经把它们粘回去了。虽然粘得不好，但我也只能做到这样喽。"

萝莉注视着它，点了点头，然后随手将它放在身旁的地板上。

"你会讲西班牙语吗？"他问萝莉。

"不会。"

"你看起来有可能是西班牙人。也许有一点点，真正的西班牙人，不是墨西哥人。"

"我不觉得我是。"萝莉停了一下，抬头望着我，"什么是西班牙人啊？"

"去他的！真是个大白痴！"汤玛索悲哀地说，"是西班牙，猪头，西班牙。什么西班牙人嘛。"

"西班牙是一个地方，萝莉，"我说，"位于欧洲的一个国家，有些人的祖先是从那个地方来的，所以他们就是西班牙人。"

"我不觉得我是西班牙人,"她说,"我来自水牛城。"

汤玛索在我们的旁边坐下来,拾起萝莉刚被粘好的作业本,专注地看着,然后转过头看着萝莉:"反正你也许有一点点是西班牙人,我看得出来。我觉得你也许有一点点是西班牙人。"

漱口水事件

> 我爱汤玛索那种丑化生命的方式,爱他在面对这个世界时激烈的态度,以黑色幽默的方式压迫出你的笑容。

对汤玛索和我而言,第一眼根本谈不上爱。他在十一月份的第二个星期加入这个班级,也就是在他受创最严重的隔周。这一刻他也许很安静合作;但下一刻,他却可以把整个教室摧毁掉。与我们在一起的第一天,他极力地掩饰他内心的不安。

但对我而言,最困难的一件事却是必须经得起他对我忍耐底线的考验。这个孩子故意要惹我生气,每测试一次,接着便问我,"现在我打赌你一定很气我,我打赌你一定很恨我。"这种对峙的气氛持续了好几天。

他的加入严重冲击着这个班级。第一周,他拒绝做任何功课,老是在教室里到处晃,并时时地观察着我们,而我又无法让他坐下来做功课,因为我没有充足的设备来处理患有严重激进行为的孩子。这个教室没有处罚区或面壁区，因为布和萝莉不需要用到这类东西。就实务角度来看，我不能针对汤玛索个人来设定这些区域，因为一旦他抓狂起来后，很快地便会出手伤人。在没有助手，又必须照顾其他孩子的情况下，我根本无法让汤玛索安定地留在处罚区。虽然有其他的替代方式送他到校长室去接受惩罚，或对他进行体罚以阻止他去伤害别人，甚或把他送到收容所或感化院，但这些方法我完全不考虑，因为它们都不是有效解决问题的好方法。如果说有哪个小孩绝对需要上学的话，那就非汤玛索莫属。

第一周，我想到两种解决的方法。第一，我放任他在教室里游荡，不去理会他。他有时会观察着我们，有时也会过来加入我们或和我们讲话，如果他需要时间调适的话，这个方法正好适合他。事缓则圆，时间可以解决这个问题。第二，我选择以肢体动作控制他的暴力冲动行为。当汤玛索抓狂地捣毁物品或伤人时，我就从背后钳紧他的双臂，让他动弹不得。但我觉得这并不是一个理想的办法。不过，在错误与尝试中，我得到的结论是，汤玛索需要加以控制。强迫他坐在椅子上只会让他更愤怒，而不理会他只会让事情变得更糟糕。总之，当我迅速地钳住他的双臂时，他便会冷静下来。虽然他在我的怀中总会有一番剧烈的挣扎，但慢慢地还是会放松下来，我直到觉得他肌肉的紧张缓缓消除时，便放开他。

萝莉的出手相助倒让我感到有些意外，我猜那是她自然而发的行为，因为在汤玛索加入这个班级之前，萝莉也曾经历过这种作业战争的时期。我想，萝莉不想在他面前暴露任何的缺点。然而，他们彼此之间倒有着一股无形的吸引力，虽然那股吸引力很微妙，而且是来自汤玛索这边，但我可以感觉得到。自从第一天他撕毁了萝莉的作业簿又替她粘好以后，他对她总有着一种低调的顺从，也许是因为她无视于他及他的暴力，也许是因为他们有着相似的过去，而萝莉又愿意把她的过去告诉他吧。或者，也许是萝莉在他眼中有一点西班牙人的样子。总之，我不知道。但就萝莉这部分而言，我知道愤怒在她心中不会久留。当汤玛索摆明不离开时，她就接受了他，而这个行为似乎能冷静汤玛索的情绪。他开始以一种不着痕迹的方法想要和她建立友谊，坐在她的旁边，全神贯注地听着她讲话，顺从地帮她做功课。看到这个愤怒的男孩还能如此在意某个人，我心中充满感激。

在汤玛索无止境测试我忍耐底线的行为无法得到满足的同时，我发现他还有另一个更严重的行为。这个孩子很快地便看出来，他的捣毁和暴力行为无法摧毁我的冷静，但那并不是他脑中唯一的鬼点子。我终于发现，他一定是个逼老师发狂的专家，因为他很清楚地掌握我个性上的每一个缺口。

他最厉害的武器之一是他的放屁能力。就我看来，他似乎可以控制他的屁，想要什么时候放就什么时候放，而且还会设定好对象，让对方听到响声的同时，也得忍受臭屁味。"一定是我吃了豆子的缘故。"他总是无辜地说。我的老天，这个孩子一定三餐都吃豆子，否则怎能具有这般的功力，我甚至还相信他可以用屁声谱出一首歌呢。

不幸的是，放屁还不是他逼疯老师最厉害的一招，他的鬼点子多得是。对我个人而言，他最可怕的招式非"漱口水"莫属。

"呼，"有一天，正当我坐在他身旁的椅子时，他大口地呼着气，"你的嘴巴臭死了！"我困窘极了，快速地想一遍中午所吃的东西。

下课时间一到,我便溜到教师休息室,迅速地抓一片口香糖往嘴里塞。

翌日,他带着一脸嫌恶的表情:"天呀,小姐,难道你都不使用漱口药水的吗?你的嘴巴臭死了。"

这种情形持续了一个星期后,我越来越多疑,简直像得了病。我先是把牙膏和牙刷带到学校,一吃完午餐就去刷牙,接着带了一瓶漱口水,觉得它的味道不够强烈之后,最后干脆去买一瓶李施德林药水。每天上课之前,我会深深地在手掌上吐一口气,闻闻看是否有特别的味道,最后还冲动地想要去找我的牙医。最严重的是,这层恐惧也影响了我学校以外的生活。当我和人们交谈时,开始会用手遮住嘴巴,害怕自己如果和汤玛索一样有口臭的话,会让别人受不了。

有一天,丹·马歇尔先生来到我们教室,在孩子们之间穿梭着。他走到汤玛索身边,弯下身看看他在做些什么。

"哈呼,你被臭到了。"汤玛索说。

只见丹·马歇尔先生倏地身体僵直,整张脸迅速变红。

"你知道那是什么吗,先生?那是口臭。"

从那刻起,我不禁怀疑,汤玛索是不会轻言放弃对我的挑战的。一旦我不再对他的口臭伎俩有反应时,他会想出更厉害、更有创意的招式来对付我,而且还会自大地对我说:"你很幸运能够拥有我,对不对?"

是啊,我是很幸运。

好笑的是,随着十一月份的渐渐过去,我竟然开始觉得我真的是幸运的。我越来越爱这个孩子,爱他那无穷的潜力。我对孩子的爱有时候是无理性的、没有什么原因的，但那份爱就是很强烈。我爱汤玛索那种丑化生命的方式，爱他在面对这个世界时激烈的态度，以黑色幽默的方式压迫出你的笑容。一连几天，我就坐在教室里默默地观察着他。一开始我以为他的心中只有愤怒，但渐渐地我发现，恐惧才是真正的主人，愤怒只不过是恐惧的奴隶。虽然他是这么一个讨厌的小家伙，但或许是因为我爱他的缘故吧，我一厢情愿地相信，就连恐惧都无法完全掌控他。对于他所面对所有的问题而言，汤玛索并非一个退缩者。

意外摔伤

> 这件意外像只蛆一般吞噬了我。那个魔鬼无情地凌虐着一个毫无反抗能力的男孩,而我却无计可施,只能干着急。

十二月份降临,一个充满暴风雪、圣诞歌曲以及所有我们毫不掩饰梦想的月份。萝莉依然深信圣诞老公公的存在,汤玛索可就没有那么的深信不疑。至于布,我们就完全不知道了。

"昨天晚上我去看圣诞老公公,"萝莉告诉我们,当时我们正围着桌子合作制作装饰教室的纸花,"我爹地带我和莉比去购物中心,我在那里看到圣诞老公公,我爹地还让我过去和他说话。"

我看到埋头做着纸花的汤玛索,低着头用眼角的余光看着她,然后再看着我。我们两人心照不宣地想着同一个问题。

"莉比也去和他说话吗?"我问。

"没有。"萝莉并没有看着我回答,她正努力地用那个已干的胶水粘纸圈。她坐直身体,研究着一团凌乱的工作桌好一会儿:"我要求他送给我那个我曾在电视上看过的洋娃娃。你知道那个娃娃的，对不对，桃莉？"

"不知道，是哪一个？"

"你知道吗，汤玛索？"

"我怎么会知道？你觉得我是那种会玩洋娃娃的人吗？"

"呃，反正那个娃娃会喝水也会尿尿，不过那还不是最厉害的，你猜怎么样？"

"够了，萝莉，请你说重点行不行？"汤玛索插嘴道，"你总是没完没了的。"

"总之，她会吃东西。她真的会吃，我亲眼看到的。她可以咬任何东西，真的，我没有骗你。所以我才要求圣诞老公公送我一个，如果我真的得到的话，我会带来这里给你们看的。"

汤玛索看着她，坐在他旁边的布则开始玩起工作桌上的剪刀。受不了布所弄出的吵闹声，汤玛索一把压住那把剪刀，但眼睛依旧没有离开过萝莉。"萝莉，你真的相信有圣诞老公公吗？"他问，声音平静且不带情绪。

萝莉抬起头："是的。"音调中带着挑战的味道。

汤玛索没有回答。

"呃，圣诞老公公是真的存在的，"萝莉说，声音中依然充满着防卫，"我昨天晚上还看过他呢，汤玛索。"

汤玛索点点头，低头看着手上的纸圈。我爱这个孩子，他没有像我所预期的那样大发雷霆。

"圣诞老公公是真的存在的，是不是，桃莉？"萝莉问。

一时之间我不知如何以对,因为我不想卷入这个无止境的争论中。不过与我心有灵犀的汤玛索倒是及时解救了我:"我也相信圣诞老公公是真的存在的,萝莉。"

"真的吗?"她惊讶地说。

"是的,我相信。"

"我姐姐就不相信,而且还会笑我,可是我告诉她,他真的存在,我就是知道。"

汤玛索点点头,又埋首工作中,没有看我们任何人一眼:"有很多事情都是真的,只是我们不知道罢了。"

"莉比说如果真有圣诞老公公的话,那他在哪里呢?她说购物中心那个圣诞老公公不是真的,是某个人假扮的,其他地方的圣诞老公公也是一样。"萝莉愤怒地扫开面前的纸张,"那我知道,她干吗要一直跟我讲这个呢?好像我是个婴儿一样。我知道他们只是一些笨老头。"她盯着我,眼中充满愤怒:"但是也有一个圣诞老公公是真的。"

我点点头。

"可是莉比说,如果真有圣诞老公公,为什么你从没看到过他?她说根本就没有人住在北极,那里只有冰和爱斯基摩人,但是爱斯基摩人不是圣诞老公公。送礼物给我们的其实是我们的家人,只有婴儿才相信圣诞老公公,莉比这么说。"

"可是人们也相信很多看不到的东西呀,"汤玛索说,"我就从来没有看到过耶稣,但我相信他呀。还有圣母马利亚。每晚我祷告时,我都知道耶稣和马利亚听到了,可是我也没有看到过他们两个呀。还有,我不知道天堂在哪里,我也没有看到过天堂的样子,不过我知道这三个都是真的。我想圣诞老公公也是同样的东西。"

萝莉看着我:"他说的是对的吗?"

"我想那也许是看这种事情的一个角度。"我说。

"再说,"汤玛索继续说,"我想他是带给人们美好的感觉,让人们去爱其他人,让人们想要赠送礼物给其他人。他并不是真的亲自出马,他是通过我们完成那个任务。"

"那么购物中心的那些人干吗要扮成那个样子呢?"萝莉问,"为什么他们要欺骗我呢?"

"我想他们并没有要欺骗你,萝,"我说,"我想他们是为了要让人们快乐才那样做的。"

"莉比根本就不相信。"

"莉比很笨。"汤玛索平淡地说。

"她还不是很了解,萝,"我附言道,"有时候,当我们发现事情不能如自己所愿时,我们会觉得很不高兴,然后有好一段时间不愿和那些事情扯上任何关系。

"但是当我们愿意给他们一次机会时,我们心中的感觉就会改变。我想莉比的情形就是这个样子,她不愿相信圣诞老公公的存在,是因为那个穿着红色衣服的老人不是很友善,不过等她渐渐长大后,她就会看到真正友善的圣诞老公公,到时候她就会相信了。"

萝莉顿了顿:"相信购物中心里的那个家伙没有关系吧?我是说,虽然他不是真的,我还是可以把愿望告诉他吗?"

我微微一笑:"当然,我想没有关系的。你说是不是,汤玛索?"

他点点头:"是的,我也觉得没有关系。真正的圣诞老公公,他是不会在意的。"

十二月份的第二个星期,我带孩子们到户外上课,那是个阳光普照的星期三。或许我不该带他们出门的,外面的天气依然冷冽,操场上还蒙着薄薄的冰。我要孩子们留在草坪上,不要走到有单杠和其他设备的操场设备区,那个地方的地板很湿滑。

我和汤玛索靠在洒满阳光的墙壁上聊天,萝莉和布在草地上追逐奔跑。我们愉快地聊着,一时之间竟忘了要随时看紧布和萝莉,不知道他们是在何时跑到操场的设备区。

一阵锥心的尖叫声划过天际。

我抬头望过去,正好看到布从单杠上掉下来,死静地躺在地上。那尖叫声是萝莉发出来的。

"布!"我一边跑一边大喊,汤玛索紧步地跟在我后面,"布!布!"我摸着他的脸。

我小心翼翼地将他侧着的头扶正,看到血正从他的右嘴角汩汩地流出。

萝莉吓得大哭,汤玛索紧张地俯在我的身后:"为什么他都不动?他死了吗?"

听到这句话,萝莉哭得更大声。

"别胡说,汤玛索,他当然没有死。你怎么可以那样说呢?"

"也许我们应该祷告。"汤玛索提议道,并在我的身后跪了下来。

"汤玛索!"我愤怒地大叫,"赶快去找人来帮忙。看在老天的份儿上,赶快站起来,去找人来帮忙!"

他全身神经紧绷，双腿有如弹簧般地一跃而起，但却不知道接下来该怎么办。看到我指着门，他便飞也似的奔了过去。

布全身不停地颤抖，我让他半躺在我怀里，半身仍旧在单杠下的沙堆上。他的骨头都还完好，但我担心他会有脑震荡。布睁开眼睛，无神地眨了眨眼。然后疼痛袭来，他开始呻吟起来。

丹·马歇尔先生和一堆教职员跟在汤玛索的后面跑过来。丹在我身旁跪下来，双手触摸着布，检查他的状况。此时布开始细声地哭了起来，双唇渗血。

"你是否看到他跌倒？"

我点点头："我看到他掉到地上，但没有看到他撞到任何东西。"

丹缓缓地将布的嘴撬开，血流了他一手："是他的舌头，你看。"

布的舌头有一道长长的伤口，在一旁的萝莉见状，忍不住放声大哭。

"我们得带他去缝伤口，"丹说，"玛丽，打电话给他母亲，请她到医院和我们会合。"玛丽是位助理。

"我们走吧，"他说，"我来开车。"

"我其他的孩子怎么办？"我问。

"不用担心我们，桃莉。"汤玛索说，"我们会很好的。我和萝莉不会有事的。"

法兰克林太太在医院的停车场和我们碰面，此时正抱着布的丹匆忙地往急诊室的方向跑去，我和法兰克林太太也跟在后面进入急诊室。我和丹合力将布放到检查桌上，法兰克林太太则到柜台去填住院资料。

"年轻人，你今天感觉如何呀？"一位穿着白制服的医生走过来温和地对布说，打破我们惊慌的沉默。

我转身看了丹一眼，却发现他不知何时已经离开了。毋庸置疑地，他一定是到外头抽烟去了。他极少抽烟，但我知道血液会让他受不了。

医生是个五十几岁的男人，灰发、体壮，长得就是一副医生的模样。"在学校跌倒了，是不是？"他问。

虚弱的布竟然伸手抓起医生的手臂，嗅了起来。

"好了，不要这样！你这是在干什么？把你的手放下来，然后告诉我你叫什么名字。你叫什么名字呢？"

布再吐出一口血。

"你不能告诉我你的名字吗？像你这样一个大男孩，说出自己的名字又不是什么丢脸的事，不是吗？"

"他不会说话。"我不得不代他回答，因为眼下只有我一个人能够代他说话。"你是他的母亲吗？"医生问。

"不，我是他的老师。"

"他是什么毛病？"他拍了拍布的额头，"我是说，精神上。"

"他只是害怕罢了。这里，布。这里，是我啊，看到了没？躺下来，你不会有事的。让医生好好地看看你。来，握着我的手。"

"他是怎么了？精神病吗？"

我耸耸肩："自闭症吧，我猜。我们也不知道。"

此时法兰克林太太正好走进来，取代我的位子，安抚着布的情绪。医生慢慢地撬开布的嘴巴。

医生提到一些要缝合伤口的话。一位护士拿着束带进来，将布绑在床台上。我能够了解这种动作,但法兰克林太太却显得很紧张,而布则害怕得尖叫起来。

一直站在病房一角的我,此时向前走过去,心中仍感困惑不解。

"难道他们不打算给他麻醉吗?"我轻声地对法兰克林太太说。

饱受惊吓的可怜妇人,知道医生接下来的步骤时,抑制不住地哭了起来。布的尖叫声越来越大声,大得连我都听不到自己的声音。我来到医生的身后,轻轻地碰了碰他的肩膀。

"对不起,医生,我一直犹豫着不知道该不该说,因为我知道这不干我的事,但我实在搞不清楚这到底是怎么一回事,我真的不懂。难道你们不打算为他施打麻醉剂或什么的吗?"

医生转过身来看着我,脸上露出一种我应该懂但为什么会不懂的表情。他说:"你知道他并不会真的有感觉的。这些人,他们没有真正的感觉的。疼痛只是他们的幻想,因此没有必要在他们身上浪费珍贵的药品。"

他的话让我瞠目结舌,我完全没有心理准备,一时竟不知该如何回应他的话。事实上,一开始我的情绪甚至还反应不过来,只是不敢相信地瞪着他。

然后愤怒涌起,我有如火山爆发般地大声抗议。他不愿意,这个可恶的医生丝毫不愿让步。我心中盘算着,如果不得已而必须对他动粗的话,我也顾不得那么多了……生平第一次地,我想到要用暴力去强迫一个人……

一个身着白色制服的男人不知何时走了进来,把我拉到外面走廊,要我赶快离开。

愤怒依然在我心中徘徊不去。法兰克林太太也被赶出病房外，一路呜咽地来到走廊。丹就坐在候诊室，手上夹着一根香烟，另一只手则抠着领带上的血渍。对于他的半路逃跑，我真想狠狠踢他一脚。

血液中不停上升的肾上腺素使我的身体颤抖，令我坐立难安。我起身在走廊上来来回回地踱着步伐，以期让自己冷静。丹还是颓坐在休息室的椅子上，香烟一根接一根地抽。法兰克林太太紧张只坐到椅子的边缘，双眼直盯着她的手帕。我只是不停地踱着步。

这件意外像只蛆一般吞噬了我。那个魔鬼无情地凌虐着一个毫无反抗能力的男孩，而我却无计可施，只能干着急。

这短短几分钟的时间，还不到十分钟的时间，正以不同的方式在考验着我的事业。

当我回到学校时，只剩二十分钟就放学了。我和汤玛索及萝莉聊了一下，安抚他们心中的恐惧。布不会有事的，他已经和他母亲回家休息了，如果情况稳定的话，隔天就会回来上课。

"你知道，"萝莉说，一边穿着鞋子准备回家，"今天在操场上我不是故意要哭成那个样子的。我不是故意要哭的。"

"没有关系的，萝。我也吓了一大跳。"

她起身，耸了耸肩："不，不是那样的。我不知道怎样说才会清楚。我并不是真的害怕，只是……呃，是布啦。我不要他受伤。"她咬了咬上唇，想了好一会儿，"我希望我能够说得很清楚，有时候我会希望受伤的人是我，至少那样我会知道伤得有多严重，知道该怎么去处理；可是当别人受伤时，你却完全帮不上忙，不能把他的痛赶走。你知道我的意思吗？"

"是的，我想我知道。"

"那就是为什么我会哭的原因。我讨厌那样，我讨厌别人受伤。"

我对她微微一笑。她转身去拿她的外套，我还是微笑着，不知该如何表达她带给我的感觉与感动。

10

种植风信子

> 人类最悲哀的部分莫过于我们深度忽略的现象。在与孩子互动的过程中，我们往往忘记他们其实并非无所不知的。

人类最悲哀的部分莫过于我们深度忽略的现象。在与孩子互动的过程中，我们往往忘记他们其实并非无所不知的。我努力地牢记我工作的对象是孩子；我随时使用柔和但不具意义的话语；我不但努力充实专业上的知识，也注意日常生活上的歧异。这真的很不容易，我不停地寻找答案。理智上，我可以接受我的许多问题其实并没有答案的事实；但情感上，我却永远无法接受这个事实。

汤玛索继续挑战我。每当我认为我已经逮到他，正思考着接下来该怎么做时，他总是有办法全身而退。我对他付出的心力远比其他孩子来得多，但这同时也让我掉回成人的理所当然中：他之所以会有这种行为是因为他如何如何；他之所以这样做又是因为他如何如何。我之所以不断把他的行为归之于像年轻弗洛伊德这样的名人的心智疾病，我想最主要的原因是，我不知道他到底在想些什么，而且自己又对这样的缺乏认知感到害怕的缘故。我掉入古老教育家和心理学家们的把戏中，为了掌握权力而对不熟悉的事情强加解释。我，在我有所忽略的情况下，草率决定事实。

某天，我上杂货店买东西时，正好遇到他们在促销风信子球茎——春天的使者，三大盒才卖一块钱。我很喜欢风信子，它总让我回想起大学时期的美好日子。我微笑地经过那些盒子准备离去，就在一脚跨出门外而另一脚还在门内时，我突然停下脚步，心中有了一个想法：我们能够在教室里种风信子吗？我们有办法让它提早在飘雪的一或二月份开花吗？萝莉一定会爱死那些花的。布也会喜欢，我猜。

至于汤玛索，我就不得而知了。缩回已在门外的脚，我掏了掏口袋，看看自己还有多少钱。三块两毛八。我买了九盒球茎，三种不同颜色。

简直是浩劫！花盆、泥土、报纸和铲子到处散置在地板上，一本附有图片的书就摊开在我们面前。我将书中有关球茎和风信子的内文读给孩子们听，然后再读如何种植的段落。我向他们解释，我们得先把球茎种到花盆里，然后将它们放到冰箱里六周好让它们扎根。

萝莉入神地聆听我所说的每句话，她手中拿着一个球茎，一边玩滚着球茎，一边仔细地研究着书本中的图片："我要在家里种这种花。我要叫我爹地帮我和莉比买一些这种东西，所以我得仔细听。"她转身看着一旁的布，"这里，布，你也看看。看到这些花没？不，不，不是那边，这里，看到没？我们要做的就是这个。"

舌头肿胀而不能说话的布让萝莉用手转过他的头。

"我要做四个。"汤玛索说。

"我们要一起做，汤姆。"我解释着，"我们只有两个花盆。"

"我要做我自己的，我才不要把我的花放在这种丑不拉叽的花盆里。我要自己做花盆。"

"这个主意太棒了，汤玛索，也许我们过些时候就可以做，不过现在我们还是先把它们种在这些花盆里，我现在也只有这几个花盆了。再说，反正要放在冰箱里，所以好不好看没有什么关系。"

"我要种两个，我要把它们种在我自己的花盆里。"他拾起一个铲子，威胁地对我挥了挥，"我自己要一个花盆，另一个要给我爹地。"

"这些花是要放在我们教室里的，汤姆。到一月份的时候，我们要把它们从冰箱里拿出来放在窗台上，这些东西是不可以带回家的。"

"不！"他爆裂般地嘶喊着，把手中的铲子朝我丢了过来。我低头闪躲，铲子从我的左肩飞过。"不！不！不！我要我自己的花，你这个老巫婆。你没有听到我的话吗？我自己要一盆！"

"汤玛索，"萝莉说，"我的可以给你。"

"去死吧！"他用力一踢，把陶制花盆踢到教室对角，撞个粉碎。"我恨你！""嘿！嘿！嘿！"我起身抱住他的胸部，不顾他的挣扎反抗，将他紧紧地箍在我身上。他猛踩我的网球鞋，我只能咬紧牙关不做回应。萝莉和布坐在椅子上瞪大眼睛看着我们。

就在我们这场小小角力正激烈进行的过程中，我的脑海悄悄闪过一个念头。他为什么会有这种行为？到底是什么样的过去激发他的这等行为？那个老头到底在这个小孩脑海里灌输了什么复杂可恶的欲念？他这种无名的怒火由何而来？我真希望有人能够解开这所有的答案，别让我对这个孩子感到如此害怕无助。

然后，一如以往地，我感觉到汤玛索的愤怒慢慢褪去，肌肉不再紧绷。他叹了口气，身体变得沉重起来。我稍稍松开手掌，抓着他一起坐下：我坐在我的椅子上，他则坐在我的腿上。

"我想我可以把那个花盆修好。"萝莉静静地对我们两人说，并指了指那堆破碎的花盆。

我摇了摇头。

"我爹地，他在家中的车库里放了几个花盆，我可以把它们带过来。"她说。

"不，萝，没有关系的。别担心，我们可以去幼儿部那里拿牛奶盒来种花，那样比较好。"

此时我已放开汤玛索。他滑下椅子坐在我的双脚上，转过身来对我说："在我们全部都种完后，我是不是可以留一个给我爸爸呢？"他的声音细得几乎听不到。

我该怎么对他说呢？我该说什么呢？我疲惫地耸耸肩："我想可以吧，汤姆。如果你真的想要的话，我想你可以拿走一个。"

"好的。"

吩咐萝莉下去拿牛奶盒后，汤玛索、布和我三人开始清理碎裂的花盆。不一会儿的时间，我们再度忙碌起来，手中拿着铲子，将球茎放入泥土中。汤玛索的情绪依然低落。

"萝，小心不要把它们埋得太深了。看，就像这样。"我说。

"没问题。"

"汤姆，你不过来一起种花吗？"

他抬起头来："你为什么老是那样叫我？"

"什么？"

"汤姆呀。我叫汤玛索，不叫汤姆。"

"我并没有刻意要那样叫你，只是有时候就是会那样。我好像喜欢把名字缩短。"

"没错，就像她有时也会叫我萝而不是萝莉。"

这点我倒是未曾注意到。

"反正，我不喜欢，所以不要再那样叫我了。汤姆是美国名字，我是西班牙人，所以别再那样叫我。"

"好的，我尽量不要那样叫你。"

"最好不要，我不喜欢你用白种人的名字喊我。"他的语气中再度充满尖锐的愤怒。

我一面帮布种球茎，一面和萝莉继续讨论着风信子球茎和栽种程序。聊天之中，我依然可以敏锐地感觉到汤玛索的怒气不停上升。我小心观察着他，就算眼睛无法随时盯着他，我的心也片刻不离开他。我感觉到这座小火山又要爆发了。

布伸过手来拿另一支铲子，不小心碰到了一个装满泥土的牛奶盒。

"小心，你这个小蠢驴，如果你敢再碰到的话，我就把你的猪脑袋踢到黏在墙壁上。"

"汤玛索。"我抬高音调喊着。

"闭嘴。"

他的愤怒反而令他显得笨拙,无法将泥土放进牛奶盒中填埋球茎。他一气之下,用力地把牛奶盒踢得远远的:"我不要种这个讨厌的东西!这实在是件蠢得可以的事情。做不起来都是你的错,我爸爸就知道怎么正确地种它。"

我看了看他:"你的爸爸真的让你感到很生气,对不对?"

我这句话一出,他整个人立刻僵住了,眼睛瞪得又大又吓人。我立刻知道我的话太多了。我看到他泪水快速地凝聚,看到他抬起双手拉住耳朵。他的愤怒没有爆炸开来,我看到他拼命地压抑着内心的痛苦。然后听到他尖叫着:"去你妈的,"接着恸哭起来,"为什么这里老是那么吵?我的耳朵都被弄痛了,痛死我了!

"我可以听到血正在我的耳朵里流着,叫它不要流!"

然后,在我还来不及反应前,他突然跳了起来,跑过教室,拉开门闩跑出去。

这突如其来的举动把我们三个人吓得目瞪口呆。好一会儿后,萝莉转过头来对我说:"发生什么事了?"

"我不是很清楚。"

布看着我们两人,那双绿色的眼睛又圆又深邃。"哦,哦,哦,哦。"他说。我心中与他有同样的感觉。

我找不到汤玛索。把萝莉和布留给一位办公室助理照顾之后,我到处寻找汤玛索,但怎么都找不到他。惊慌一点一滴地在我的喉咙累积。不知为什么,我相信他还没有离开校园。但所有我想得到的地方都已经找遍了，就是找不到他。

我再次把整栋建筑物找了一遍，所有未上锁的书柜、储藏室，甚至连体育馆都找过了。我走到建筑物外面的停车场，逐一检查每一部车子，然后快步在校园外围的社区搜索一番。我不禁怀疑汤玛索有没有可能自己找到回家的路。他的家离学校好几里远，校车必须绕过不少街道，但是他有着丛林求生的天生本能，我相信他会自己找到回家的路。不过我也知道，在这样做的同时，他的心里也一定很害怕。回到校区，我再搜索一次。焦虑让我的肠胃打结，心中盘算着要打电话给他的寄养父母，告诉他们他逃跑了。

然后，他就在那里。要是他没有动的话，我想我是不会注意到他在那里的。我就处在体育馆后方被帘幕重重掩蔽的舞台上，这是学校放置所有老旧桌椅和运动器材的地方。汤玛索就躺在一堆桌椅间的地板上，流着眼泪，脸上满是灰尘。

碍于昏暗的灯光，我几乎看不到他，只能跪下来，把脸贴到地板上。"嗨。"我说。

他抬头看着我，不发一语。

"我很抱歉，汤姆，汤玛索。我不应该那样说你的，我说了些我不应该说的话。你愿意回到教室吗？"

他摇摇头。

为了更清楚地看见他，我整个人趴在地上。我们两人相距大约六尺远，中间隔着好几张杂乱堆置的桌子，我想不通他是怎么进到那里面的。

我们互相注视着彼此，我清楚地感受到他强烈的拒绝："我很抱歉，汤玛索。我真的真的很抱歉。除了抱歉，我不知还能说什么。"

"走开。"

"人总是难免会犯错的，汤玛索。我绝对不是故意的。我很抱歉惹你生气，我知道我错了。"

"去你的。你闭嘴行不行？你总是念念念地念个没完。老天，难道你就不能闭嘴听别人讲吗？"

这句话无疑狠狠地甩了我一巴掌，让我觉得很难过，也闭上嘴巴。在满是灰尘的黑暗中，我们凝视着彼此。

时间一分一秒地过去，现在到底几点了呢？我可以听到手表发出的滴答声，却不敢低头看，怕引起他的误会。我担心着布和萝莉和助理相处的情况，但我的双腿还是不敢移动。

汤玛索伸出手擦掉脸上的眼泪。我们互相注视着彼此，那个冗长又缓慢的沉默开始慢慢地消失。

外头走廊传来一群小朋友的喧闹声。哦，天啊，该不会已经是放学的时刻了吧？

这下我该怎么办呢？我静静地移动着身体。

"不要离开我。"他的声音细得我几乎听不见。

"我不会的。"仿佛被他感染似的，我也悄声地回答。

再次沉默，再次等候。此刻我心中非常确定是放学时刻了，走廊上充满着回家的愉快嘈杂声。一想到可能有人会不经意地闯进来，干扰我们这份奇怪的默契，我便害怕得全身麻痹。其实这个担心根本就是多余的，毕竟我是把校园搜了三遍才发现这个地方的，显然这个地方也只有汤玛索才想得到。

然后，一切又回到寂静，所有的孩子都已经离开。萝莉的家离学校很近，现在应该已经回到家中了。布的母亲也应该已经来接走他了。我错过了和他们道别的机会。

我们等着。由于趴在坚硬的地板上过久，我的胸部酸痛不已，鼻子也被灰尘搔得奇痒无比。

"我想自杀。"汤玛索说，他的声音还是很细微。

"真的吗？"

他点点头。

"为什么？"

"我痛恨这个地方。"

"这个地方？学校有这么不好吗？"

"不，不是这里，笨蛋。这里，这个世界。"

"哦。"

"我还知道要怎么自杀，我已经都计划好了。我可以吞药丸，而且我有药丸。我的养父在吃一些蓝色的药丸，治高血压或什么的，我猜。总之，我一次偷一颗药丸，已经偷了好长一段时间了，就快要够了。我要在我的房里把它们全都吞下去，并且将枕头绑在我的脸上，以确定可以自杀成功。我想要死，我再也不要活了。我就是不想活，我不要，那实在太痛苦了。"

我不知该说些什么。我能说什么呢？

我慢慢将身体向前滑动，尽可能地靠近他，不过距离还是相当遥远。我伸过手去想要摸他，但还是够不到："汤玛索，你可以摸到我的手吗？"

一阵停顿。我可以看到他的眼中仍旧闪着泪光。

"汤玛索,你可以摸到我的手吗?"

"我想可以吧。"

"拉着我的手。"

一阵沙沙作响,前面的桌子被推开了。然后我感觉到他的手在我的手中。他的手又冰又湿。

"抓紧我,汤玛索,不要放手。"

我们就那样躺着,满身、满脸的灰尘。几分钟过去了,我可以听到我的心跳在地板上回振的声音。

"我的爸爸死了。"汤玛索低声地说。

"我知道。"

"我也想要死,我要和我爸爸在一起,我要离开这个地方。"

"抓紧我,汤玛索。"

"这里太痛苦了。活着太痛苦了。"

我沉默不语。

"我的养父恨我,我的养母也恨我,他们根本不管我的死活,我是没人要的小孩,每个人都恨我。"

"萝莉就不会呀。"

"啊?"

"我说萝莉就不恨你呀。"

"噗。谁在乎呢?她只是个小孩子,一个婴儿罢了。"

"没错,可是她就是那个在乎你的人呀。"

"是呀。"他顿了顿,"我也不恨她。"

"我知道你不会,"我说。

"就算真的想恨萝莉,你也无法真的恨她。"

"没错,我猜你没法恨她的。"

再一次冗长的停顿。汤玛索的手紧紧地握在我的手中。

"你恨我吗,桃莉?"

"不。"

"是的,你恨我。"

"不。"我微笑地看着他。柔和地,哀伤地。我觉得自己用错字眼了。我能够说什么让他可以相信我的话呢?

我们继续凝视着彼此,就像两个劫后余生者,我们的手仍然紧密地互握着。突然间我的情绪涌上,有种想哭的冲动。我付出这么大的心血,却未感受到相对的结果。

"不,汤玛索,我不恨你,我不知道该怎么讲你才会相信。你知道,你快要把我弄哭了,因为我不知道该怎么说你才会相信,可是我真的很希望你能够相信我。"

没有回答。

"你……你在我眼里是一个很特别的孩子,我因此而爱你。真的。"这些话竟是如此地难以说出口。

他没有回应,只是一个劲儿地看着我。眼泪,再度凝聚,滚下他的脸颊,掉到地上。

"过来这里,汤玛索。过来这里,好吗?"

他摇摇头。

"拜托!"

他再次摇摇头。

"我需要你,汤玛索。过来这里让我抱抱你。"

他过来了。爬过那些桌子,站到我的面前,我还是跪趴在地板上。有好一会儿,我们两人就那样一动也不动。他脸上的泪痕犹湿,头发凌乱。然后,他弯下腰抱着我的脖子。

"你不会把我哭的事情告诉他们,对不对?"最后他开口要求,他的脸依然埋在我的头发里。

"不会。"

"你不会告诉萝莉?"

"不会。"

"我不是故意要哭的。我长大了,男人是不哭的。"

"没有关系的,有时候我们都会需要哭一哭,就算是男人也一样。"

他松开手,后退一步,注视着我。然后,缓缓地,他跪了下来,用手捧着我的脸,好似我是一个需要安慰的小孩子。他的脸上浮出淡淡的微笑:"如果你想的话,你可以叫我汤姆的。"

乔克求婚

"你已经嫁给那份工作了,我真不知道我为什么还要去争。"

圣诞佳节。商店、钟塔和电梯里,到处播放着欢乐的圣诞歌曲,雪已经积到半个小腿高。家家户户的窗前都闪着温暖烛光,不论是陌生人或是朋友,每个人脸上都泛着喜悦光彩。

这个季节带给我无限的愉悦,直到一月份圣诞佳节结束,我才体认到自己有多么高兴一切又回到正常。

佳节期间,乔克和我办了一场宴会,邀请好友们来参加。受到宴会温馨气氛的感染,乔克竟然出其不意地向我求婚了。

"什么?"我说。

"我们结婚吧。"

当时我正在折包装纸,也许是嘈杂声太大了,我没有听清楚他说些什么:"啊?"

"我说，我要和你结婚。"

我有如被重重地打了一记耳光，惊吓得手足无措。我们一直没有讨论过这个几乎不可能的问题，老实说，我心中从未有过这种念头。在我生命的此刻，我真的不想结婚，这点我曾和乔克沟通过。

"你不必现在就回答我。如果你需要时间考虑的话，没有关系的，我了解。"

我摇了摇头。

"是你的那些孩子，对不对？"他问。

我还是摇了摇头。

"一定就是你那些讨厌的小鬼，我永远都无法和他们竞争，对不对？"他的声音还是很温和。

"乔克，这件事情和孩子们无关。"

"你已经嫁给那份工作了，我真不知道我为什么还要去争。"

"乔克，你错了。这件事和我的工作一点关系都没有。其实是我从来就没有考虑过这件事，我得好好地想想。我是说，事情来得太突然了。"

一阵沉思后，他叹了口气，别开头去望着壁炉一会儿，然后回头看着我："对你而言，那不只是一份工作而已，那根本就是一场恋爱。我不排斥你的工作或你想在事业中寻找成就感的希望，只是我可不想当个情妇。"

"你不懂，"我抗议道。

"别又来那一套了，女孩。我了解的，比你还要了解。我想要说的是，我们的床上不能挤三个人。"

"三个人?"

"是的,你、我还有你的工作。"

"乔克,不会有三个人的。就只有两个。工作只是我的一部分而已,并非我的全部。"

我们开始为此低声地争执起来。在得不到共识的情况下,乔克气愤地起身离去。

他的离开毁了我们原本快乐的周末下午。

当晚十点半,乔克回来了。我们为彼此的行为道歉,然后一切又恢复往昔的关系。

12

怀孕的克劳蒂亚

> 她会脸红，会咬着唇，缩着双肩，低着头。我真想不通，以她这么害羞的个性，又怎么会和男孩亲密到怀孕呢？

带着许多的惊奇，一月份降临了。

首先是克劳蒂亚，她是我下午班的第四位学生，在圣诞假期结束后的第一天来到班上报到。从柏克先生的警告中我听得出来，这个孩子比汤玛索还要棘手。

克劳蒂亚，十二岁，类型和其他三个孩子非常不同。她是本镇郊区一所教会学校的模范生，是一个文静而且行为端正的六年级学生。她出身于上流阶级家庭，父亲是位牙医，母亲在当地的社区大学教艺术。就柏克所知，克劳蒂亚一直是个很乖巧的孩子，在学校中也不曾惹过什么麻烦。当然，只有一件事情例外。她怀孕了。

"怀孕！"我在电话中对着柏克惊叫，全身不自觉地紧绷了起来。

在过去几年和柏克的合作过程中,他送来让我辅导的孩子有自闭症、嗜食垃圾、不停尖叫、喜欢打架、被收容的、没手没脚、头上有一个洞等类型的孩子,但我从来没有辅导过怀孕的孩子,根本不知道该如何去辅导她。

更糟糕的是,在圣诞假期之前,没有人知道她怀孕了。因为怕父母亲知道,她编了许多谎言欺骗他们,只是最后纸还是包不住火。在医生证实了她怀孕的事实后,教会学校立刻开除了她的学籍,而我们这个区域又没有针对怀孕学生设计的特殊课程,更确实地说,是这个州没有一所学校能够收留她。情急之下,柏克安排她到建教中心,与高中生一起上下午课程,学习幼教及职业技术。我的班级也雀屏中选,被评定为最适合她完成六年级课业的地方。

不要担心,柏克在电话里一再地安抚我。她不会有问题的,她先前就读的学校会把她所有的课本及作业都送过来,我无须刻意为她规划些什么课程。她是个很乖巧的女孩,他一再向我保证,非常文静,非常有礼貌,绝对不会有问题。她所需要的,只是到一个没有人会注意到她的学校,把学业完成。

听起来好似我的班级是个专门藏匿罪犯的地方。

"可以吗?"柏克问。

气氛凝静。

"可以吗?"

沉默不语。"好吧。"我答道。

这件事情最困难的部分不在克劳蒂亚本身,而是我该如何对其他孩子解释她的出现。

"怀孕！"汤玛索的惊奇不亚于我一开始的反应,"你是说,她要在这里生小婴儿？"

我还来不及解释,萝莉马上又插嘴进来:"婴儿？我还以为你说她和我们一样都是小孩子。"

"她十二岁。"我说。

"可是那也还只是个孩子,不是吗？"萝莉问。

汤玛索的眼睛瞪得又圆又大。"哦,桃莉。"汤玛索正经八百地说,"也许我们不应该在萝莉和布的面前谈论这件事情,他们还太小。"

"什么太小？"萝莉抗议地叫着。

汤玛索抓住我的手臂:"我的意思是,她一定做了那件事。你知道的,那件事。"

"你们到底在讲什么呀？"萝莉问,她转过头来看着我,"他到底在说些什么？为什么我会太小呢？"

"汤姆,如果你指的是性交的话。"

"桃莉！桃莉！他们还只是小孩子！"他不好意思得连耳根都红了。看到汤玛索那种困窘得找不出适当用语的表情,令我不觉莞尔。

克劳蒂亚的实际抵达解除了我们原先的忧虑。她是个极度害羞的女孩,脸上挂着热切的微笑。就一个十二岁的孩子而言,她的个子算是相当高,足足高出汤玛索一个头,稍稍比我矮一些。黑浓的眉毛,大大的眼睛,褐金色的头发长过肩,长相甜美温柔,有着童稚的天真。

克劳蒂亚的出现让萝莉和汤玛索几乎忘记了应有的礼节。好似怕被传染一样,汤玛索一见到她就站得远远的,并紧紧盯着她的肚子看。

萝莉则不停地发出吵闹声,我不止一次地把她拖到一旁,制止她恶意的威胁行为。总之,克劳蒂亚默默地忍受了这一切。她对萝莉的友善已超过了应有的礼仪。她问汤玛索,他是否因为不得不被送来这里而想念以前的学校,她怕自己会想念自己以前的学校。

不指导萝莉的时候,我会从远处观察克劳蒂亚。她是那么的害羞,因此让我连看着她和别人讲话都会觉得不忍。她会脸红,会咬着唇,缩着双肩,低着头。我真想不通,以她这么害羞的个性,又怎么会和一个男孩亲密到怀孕呢?

布是一月份的另一个惊奇。

从九月到十二月份,我残酷无情地想要让他开口讲话。我制订他的学习方案,软硬兼施地逼迫他去学习。这样并未收到任何效果,他只在想开口的时候才会开口,而且都是胡言乱语一通,电视广告、气象播报员以及旁人的对话等,仍都是他模仿的对象。有时候他还会重复我和萝莉或汤玛索数天或数周前的对话。除此之外,他所发出的声音几乎都不具有什么意义。

十二月期间,我的精神已萎靡不振。在我继续诱发他开口说话的同时,我们把大部分的精力都转移到一些训练他自助的技巧上——马桶使用训练、穿衣训练、保持干净,这些训练似乎还比较能见到成果。

"求求你,布,坐下来好吗?"我大声喊着。萝莉和我站在桌上忙着拆下圣诞树上的饰品。那是下学期开学后的第一个星期五,已快到放学时刻,因而我并不太在意这几个孩子在做些什么。汤玛索专注地玩着玩具赛车，布像个芭蕾舞者一样，闭着眼睛自我陶醉地不停旋转，使我一度不得不走下桌子去阻止他，我害怕他会撞到东西而受伤，或是不小心踩到汤玛索的玩具。总之，他的一意孤行造成我不少的困扰，令我的耐心顿失，引发我的大声喊叫。

萝莉下了桌子朝他走去，伸出双臂将他抱进怀里，就像我抱汤玛索一样。

"萝，别理他，拜托。他听得懂我话的，我想要让他习惯听话。布，拜托嘛，不要再转了，坐下。"

他还是不停地转着。

有时候他会愿意听我的话。虽然他不会讲话，但只要让他习惯的话，他是可以培养出良好的语言接收能力的。问题是，当他拗起来的时候，谁都拿他没办法。

突然，布撞到克劳蒂亚的桌角，撞掉她手上的书，然后跌倒在地上。我急忙跳下桌子抓住他。

"你打算把我吓死是不是，布斯·柏尼？"我说，同时把他拉起来。

"你打算把我吓死是不是，布斯·柏尼？"他重复我的话，惹得萝莉和克劳蒂亚咯咯发笑。

我低吼一声，把他拉到玩具箱旁，萝莉也跟了过来。就在我强力压他坐下时，她从玩具箱里拿出一个陀螺。"看，他就像这个。"她说，然后转动陀螺。是的，他就像那样。以往，布总会倾过身沉迷地看着它旋转出来的颜色，不过这次不同，一等我松开手，他马上又站起来不停地旋转。

"我说，坐下，布。"我的口气像个严厉的老师。

"这个字母是什么？这个字母是什么？"他又在模仿我以前说过的话。

我紧箍着他。"坐下！"我对着他的脸大吼，一只手抓着他的下巴，一只手抓着他卷曲的头发，再次用力强压他坐下。"坐下。"我的口气变得较柔和，我的脸贴近他的脸，深深地注视着他的眼睛，"我是说真的，布，坐下。"

其他三个孩子静静地在一旁看着我们。萝莉在一旁坐立不安，布仍是她的小婴儿："我去拿个什么东西给他玩，好吗？"

"不好，萝，他已经把自己刺激得太兴奋了，我要他坐着，让自己好好冷静一下。"我的一只手仍然停在布的头上，压着他，两人互瞪着彼此。"坐好。"我说。我小心翼翼地举起我的手，像是要在倾斜欲倒的牌屋上加上最后一张牌一样。

"坐好，布。"

他坐在地上继续瞪着我。我看不出来他是警觉还是依然神志不清。

"坐在那里，布。拿去，这里有本杂志，你可以看看里头的图片吗？"

他让杂志从手中掉下，继续瞪着我。我后退一步，准备爬上桌子继续拆圣诞饰品。

那短短几分钟的时间，我们之间有一种异于平常的互动。曾经有不知多少次，他总是被他自己的旋转、拍手或其他行为弄得过度兴奋，每回只要我能够让他坐下，安静几分钟，他的情绪便能够冷静下来好一会儿。

萝莉和我继续拆着饰品，她一边做一边和我聊天。我可以听到背后的布喃喃地不知说些什么，但并没有把它放在心上，因为布经常这样自言自语，只有萝莉才会认真地去聆听。

"那么什么，布？"萝莉和我聊到一半时突然转头问布。

我转头看着布。

"离它远一点，布斯，"他说，"我告诉过你的，我告诉过你几百次了，离它远一点。现在你又那样了！"

"他在说话耶。"我对萝莉说。

萝莉跳下桌子："离什么远一点，布？"

布仰着头，好似在和一个隐形人对话一样。一次又一次地，他咒骂着自己："离它远一点！你想把我吓死是不是，布。我是说真的，离它远一点。"

"别理什么？"萝莉不放弃地追问着，她已经走过去站到他的面前。我无力地再次跳下桌子，示意萝莉回去工作，可是当我来到布的前面时，他抬头看着我。他的眼中又出现那个熟悉的空洞。

萝莉跪了下来："你要离什么远一点，布？离什么远一点？"她对着他的脸大叫，好似在对一个聋子说话。

"不要逼他，萝。"

然后布抬头看着她："插头的地方，布斯，离那些插头地方远一点。"

"插头的地方？"萝莉一脸困惑地说。

我在萝莉的身旁跪下，伸手摸着他的脸。他只是眼神空洞地看着我们，好似在看远处的某个东西一般。

"离什么远一点，布？"

"插头的地方。离插头的地方远一点，布斯。"他答道。他缓缓地、有如梦游一般地站了起来，推开我们，朝墙壁上的一个插座走去。他小心翼翼地伸出一根手指头碰了碰它。"离插头地方远一点,布斯。"他转过身来看着我们,"如果你把手指头伸进去就会被咬。"

  我全身一阵麻痹。这不是一段很流畅的对话,就技术上而言,它还谈不上是对话,这只是单纯地模仿言语,利用模仿的方式来回答问题。不过,布毕竟还是开口对我们讲话了,打从他进到这个班级以来,这是他第一次开口回答我们的问题,传达他的想法。

  然后布转过身,将背靠在墙壁的插座上。对着头顶上的灯光,一只手的手指吧嗒吧嗒地弹着。然后,他开始播报起气象来。

13

身体作画

"有时候我真的感到很孤独，我真的真的很孤独。"

圣诞老公公没有忽略萝莉。一月份的第二个星期，在经历了克劳蒂亚的加入与布的开口说话的激动情绪后，萝莉觉得应该要让我们看看她的战利品。一天下午，她步履蹒跚地抱着一个大箱子走进教室。她的娃娃。

那是一个拟人的娃娃，叫作艾莉丝，她不但会喝牛奶，还会大小便，而且萝莉还会帮她包上纸尿布。

对这一场展示会，汤玛索表现出异常的耐性。他和我们一起坐在工作桌旁安静地看她展示，没有发出怪声，没有嫌恶，就连屁都没有放一个。就连萝莉展示那些我们不感兴趣的细节时，他也都能保持礼貌。他的表现令我感到欣慰，事后我也向他表明了我的感觉。

对于我的赞美，他只是耸肩以对："你知道吗？以前我也有过一个这类的泰迪熊，我真的爱死它了，总是拿着它到处炫耀，所以我知道萝莉的感觉。小孩子都喜欢那些东西,我自己就是那样。"

被他的敏感所感动,我微笑着说:"我很感激你的体贴,没有取笑她。"

萝莉也在一旁听我们讲话。她拉了张椅子坐下来,像个母亲般地把那个娃娃搂在她的怀里:"你的泰迪熊还在吗?你和我,如果你把它带来的话,有时间我们可以一起玩。"

汤玛索露出牵强的微笑。我知道任何人对他提出这样的建议,他都会逃避的:"没有,我的熊已经不在了。"

"为什么呢?"萝莉问。

"嗯……嗯,在我很久以前住过的某个地方,它被别人拿走了。住在那里的大孩子拿走了它,还把它丢到窗户外头。为此我还和他打了一架。他说我那么大了,不应该还玩那种东西,所以就把它丢到垃圾堆里烧了。"

萝莉关心地皱起眉头:"那时你几岁?"

汤玛索耸耸肩:"反正还很小。"

"比我还小吗?"

汤玛索又耸耸肩:"我不记得了。"

萝莉的背脊窜过一阵颤抖,把怀中的娃娃搂得更紧:"谁都别想把我的娃娃丢到垃圾桶里!"

汤玛索露出有如父亲般的慈祥微笑,拍拍她的肩膀:"不用担心,小虾子,我不会让他们那样做的。如果有谁敢那样对你的话,我会揍扁他们的。"

"我自己会先把他们揍扁!"萝莉顿了顿,想了想,然后侧仰起头，搜索着汤玛索的脸："可是你后来没有其他的泰迪熊或别的玩具吗？那个是你唯一的一个吗？"

汤玛索点点头。不看她，反而低头研究着他的手指头。

"可是你没有再有其他的玩具了吗？"

"我当然有玩具，"他答道，语气中有些气愤。

"可是你没有泰迪熊或其他的填充玩具吗？"

"噢，萝莉，闭嘴，行不行？老天，那些是女孩们的玩具，难道你不知道吗？我要那些东西干什么呢？他说得没错，我的另一个养父，他说我这么大了还在玩那些东西，很蠢。"

"可是，这样你还有什么东西可以去爱呢？"

"老天，萝莉，你在逼我。桃莉，叫她闭嘴，好不好？老天，可是这个，可是那个。可是我真的不知道呀，萝莉。这样你满意了吗？我多的是垃圾可以去爱。放过我，不要把我逼疯了，行不行？"

"可是你在黑暗中的时候难道不会感到孤独吗？"她细柔地问。

"去你的！"汤玛索跳了起来，把椅子踢倒在地上，"你这个可恶的小巫婆，难道你只会问问题吗？老天，有时候你逼得我很想扭断你的脖子。"然后他转过来对我说，"你为什么不叫她闭嘴呢？她的嘴巴是得了痢疾或怎么了？"虽然他没有再踢翻任何东西，但他神情紧绷地跑到教室的另一端，爬上一张桌子，坐在上面。在那个安全距离外，他大声地咒骂着我们。

萝莉回到桌旁，把她的娃娃放在身边的地板上，伸手从桌上拿过她的资料夹，没有再开口说一句话。看着她，我猜不透她在想些什么。我拿起剩余的所有资料夹，将克劳蒂亚的递还给她，将汤玛索的放置在他的座位上,帮布打开他的,然后开始督促他们做功课。

我们默默地做着功课。汤玛索还是坐得远远的,不理会我们。我发现这样的沉默气氛十分诡异,一方面因为沉默这种东西根本不应该出现在这间教室里,再者,我们都知道曾发生过某件事,而且是令人受伤、难过的事,只是我们谁也不知道那到底是什么事。

最后,汤玛索溜下椅子来到桌旁,在我的背后站了好一会儿,看着我指导布做功课。得知他在身后时,我并没有转身,因为我内心有种羞愧的感觉。然后他走到萝莉的后面,弯下腰看着她的功课。"那些字我都知道,"他淡淡地说,"你要我念给你听吗?"

她点点头,于是他把整句句子念出来。最后他走到自己的位子坐下来,拉过自己的资料夹,打开资料夹,然后看着我们。他先看看萝莉,然后看看我。我也抬眼看着他。

他疲惫地以一只手掌撑着额头。"你知道,"他说,"有时候我真的感到很孤独,我真的真的很孤独。"

我点点头:"是的,每个人有时候都不免孤独。"

"没错,每个人都是如此。"

克劳蒂亚对我来说依然是一团谜,我对她的了解实在很有限。她从跨进教室到放学离开,极少开口讲超过三句话。她很少抬头正眼看我,最习惯的方式是低头看着地面。她是一个很棒的学生,她先前就读的学校把她所有的书本及课程进度全都送了过来,以期她能够完成六年级的课业。每天下午放学后,我会整理她的课本,整理出她需做的作业,并将它们放到她的资料夹里以备翌日使用。第二天下午一进到教室后，克劳蒂亚便会拿出她的资料夹，选一个远离我们的偏远位子，专心地埋首在作业中，未曾开口跟我们打声招呼或讲上一句话。她的害羞几乎已成为一道无形的墙，将我们阻隔在外。她到底是怎么怀孕的，对我来说仍是一团谜。

加入我们班级的第二周，她原先就读的学校把她的档案送了过来。整体而言，她的档案并没有什么特别引人注意的地方。她的成绩一直很好，虽然不是个天才，但她的智商相当高，她的阅读已到十年级的程度，其他方面的技巧也都学习得很好。综合这一切，她其实是个资优的孩子。

档案中对她的家庭着墨甚少。她是家中的老大，下面还有四个妹妹，最小的妹妹尚未入学，其他三个都进了教会学校。档案中只用寥寥几个字形容这个家庭：冷漠、疏远与竞争。

根据里面的附注，克劳蒂亚已怀孕三个月，预产期在七月上旬。显然，在这个严厉的天主教家庭中，堕胎是绝对不可能的。档案中甚至没有记载这个家庭是否在还来得及的时间内讨论堕胎的问题，校方也一直未在圣诞假期之内对这件事提出解决方案，也完全没有提到这个孩子的父亲是谁。

每个年级的老师对她的评语不外是异常害羞、行为端正；她从不参与任何社团活动，除非被迫；每当要她站到讲台上对同学讲话时，她就生病；或和成人互动时，她的皮肤就会长出红色斑点。虽然其他小孩并不排斥她，但很明显地，她一直没有知心好友。她唯一较明显的兴趣就是阅读，那也是她逃避一切人、事、物的方式。我合上档案卷宗，把它丢到我的工作桌上。这类的小孩真的令我备感挫折。为什么人们总是看不见他们？为什么他们会坐在教室里那么多年，而没有人注意到他们的存在？他们是隐形的小孩。克劳蒂亚情绪问题的严重不亚于汤玛索。然而，就目前的教育体制而言，当一个孩子惹出严重的麻烦时，通常不但会引起注意，还可以得到治疗，但是当一个孩子慢性安静地自杀时，只要不干扰到其他人，根本不会有人去注意或在乎他的死活。

然后，当我坐下来看档案时，我不禁怀疑起自己。难道只有我看出来她是个有问题的孩子吗？还是带了这么多年的特殊教育班后，我开始失去常理的判断能力了？有时候我会有这样的感觉。似乎不论在别的地方表现多么正常的孩子，一旦被送到我这里，最后都会变成疯狂的孩子。或许这一切都只是我的感觉罢了，也许那就是我的班级气氛。我对自己笑了笑，起身回家。

汤玛索和萝莉默默地接受克劳蒂亚加入这个班级。我知道他们对她怀孕的事情还是充满好奇的，不过他们仍以轻松自在的态度与她相处。

某天下午，我们上绘画课。我先在地上铺一层报纸，再铺上画纸，旁边还摆着颜料和许多不同的刷子。不过，汤玛索很快地便决定他要用手画画。我还来不及阻止他，他就已经把五颜六色的颜料倒在他和布的画纸上。他卷起袖子，整个人投了进去。当然，萝莉也加入了他们的行列。只有克劳蒂亚没有跟进，她只是坐在一旁看着，甚至没有拿起刷子。等到我决定放弃并加入他们这个疯子团队后，她才犹豫地倒一点颜料到她的画纸上，并用一根手指将颜料涂开。

汤玛索是第一个想到用脚底作画的人,接着萝莉试验性地用身体其他部位作画:手肘画、脚踝画,还有我无法及时阻止的鼻子画。我看到克劳蒂亚开始放松自己,开始和大家一起笑,愿意用脚作画,最后还教汤玛索如何把橡皮擦切成小块儿来作画。不一会儿,当我从美术用具柜走回来时,她和汤玛索已经将自己的手肘涂上五颜六色的颜料。虽然现场一片狼藉,但很值得。

最后,当我要大家收拾干净时,我发现汤玛索和克劳蒂亚站在水槽旁,又叫又笑地用脏水互泼对方。那一刻我看到了汤玛索放松的一面。

"那么他们怎么会把你放到这个班级来呢?"他问,"只因为你快要生小孩了吗?"

她点点头。

"天啊,"他摇摇头,"那真是太厉害了。"他顿了顿,"告诉我,你做过那件事吗?那件事!你知道的,和一个男孩。"

"是的。"

"哇噢。"他的口气是严肃的,不是在开玩笑,带着尊重的意味,"哇噢。他是个大男孩吗?"

她耸耸肩。

此时我正拿着拖把站在他们后面,心想也许该进去打断他们,以免进一步的问题会让克劳蒂亚失控:"汤姆,我想你问够了吧,谁都没有权利刺探别人的隐私的。"

"我没有在刺探。我有吗,克劳蒂亚?我只是问问而已。"

"我知道。可是有些事情是很私人的,人们喜欢保留那样的私事。

我们不要为难克劳蒂亚。"

"哦,"汤玛索答道,"你不想谈吗,克劳蒂亚?"

她再次耸耸肩。

放学的钟声响后,其他的孩子都已离开,只剩下克劳蒂亚留下来帮我清扫地上的报纸和颜料。她跪在地上,用指甲抠着黏在地上的色渍。

"差不多可以了,"我对她说,"我们可以把剩下的留给清洁工清理,我可不想害你错过巴士。"

她半耸着一边的肩膀:"无所谓的,我可以走路回家,反正没有很远。"

"我知道,可是你也别管地板了,那一定得拖地才有办法弄干净的。如果你太晚回家的话,你的家人会担心的。"

"才没有人会担心呢。"她答道。

最后我还是让步了,任她自己去抠地上那些干掉的颜色,我回到我的工作桌,开始整理东西。

跪在地上的克劳蒂亚转过身子望着我。

"你知道,"她说,"我并不是那么在意谈那件事情的。"

我抬头看着她,顿时觉得一头雾水,因为我的脑海里正想着另一件事:"关于什么事?"

"孩子。"她的脸一直红到脖子。

"那很好,"我答道,"我知道其他几个孩子对这件事情有些好奇,我不希望他们问太多问题,让你觉得不舒服。"

她耸耸肩："其实也没有什么好讲的。我只是一直和这个男孩约会，蓝迪，他十五岁，然后我就怀孕了，事情就是这样子。"她把事情讲得有如电影情节。

我注视着她。不知道为什么，她就是让我有一种不自在的感觉。我辅导青少年的经验有限，面对情绪如此严重受创的青少年，我能够做的实在很少。然而我心中那股不自在的感觉绝对不只是经验的不足而已，有时我会觉得我的灵魂已经封存在童年时期的某个地方，虽然其他的部分都正常地成长，但那个封存的部分却始终未曾跟着长大。我之所以特别善于辅导小孩子，并非因为我有这方面的天分，而是我根本就是他们其中的一员，唯一不同的是，我的人生经验比他们丰富罢了。我很清楚他们在想些什么，他们当然也清楚我的。然后对于年纪稍大的孩子，像克劳蒂亚的年纪以上的孩子，我就无法了解他们，我甚至觉得他们比我还老。这个缺口令我感到不自在。

克劳蒂亚站起来，走到垃圾桶前丢掉手中的垃圾，然后她走到我的桌旁，在我的身边坐下。那是她来到这个班级后第一次和人们如此靠近。

"我喜欢你的牛仔裤。"她轻轻地碰碰我的腿，对我微微一笑，然后迅速地低下头。我注意到此刻她的手臂上泛起了红色斑点。

"谢谢。"

"我要求我妈妈为我买一些这种衣服，它们让你变得很好看。"

"谢谢。"

"我喜欢你绑头发的样子。"

她正一点一滴地融化着我的心。我很想要告诉她我了解一切，让她知道我在乎，她再也不孤独。但我不能那样做，如果她是五岁或七岁或九岁，我会毫不犹豫地对她说，但是眼前的她，怀着一个孩子，看起来就像个小妇人。我不愿冒险用对待年幼孩子的方式来对待她。

"你喜欢当老师吗？"她问，双眼看着我。她看起来虽然疲惫，却像只未被驯服的动物。

我点点头。

"也许有一天我也会当老师。"她摸着她的肚子，"我也不知道。"这次是一个长长的深呼吸，好似很疲倦似的，"我只做过一次，你知道的。"

"哦？"

"是的，就只有一次。蓝迪说我不会怀孕的，他说你必须先有胸部才会怀孕。看看我，即便是现在，我的胸部也几乎还没有长出来。看，即便是现在。"她压着胸部的衬衫。

我点点头。

"他说我不会怀孕的，而且我们只做了一次而已。"她抬起头看着我的后面。我看到她那对眼睛中奇怪又难以形容的眼神，就连其中的辛酸也都是平淡的。"那是再真实不过的事了。"她再次低下头，摸着她手臂上的红斑，"我甚至不喜欢那件事，很痛。"

我们就那样默默地坐着，没有交谈。沉默传达了我无法用语言传达的心意。然后我迟疑地，伸过一只手臂抱着她的肩。

"我好害怕。"她说。

"我了解。"

"我怎么带小孩呢？我自己都还只是个孩子呢。"

难以沟通的父母

> 我自认我比较喜欢教导家庭贫穷或是长期被忽略的孩子。高教育水平家庭的家长总是比较会逃避问题。

萝莉开始出现微妙的转变，这点令我感到十分困扰。我不是很清楚那些转变是从什么时候开始的。老实说，虽然我不知道到底是些什么转变，但我就是感觉得到。那些转变虽然细微，但累积久了依然无法叫人不注意。她似乎对我越来越没有弹性，也越来越没有幽默感，越来越会对小事情感到不耐烦，心情不好的时候会生闷气，不过总是能忍耐过去。

她的这些改变都是我们在玩游戏时我察觉到的。我们最常玩的是字母卡片游戏，谁最先把牌出完谁就赢。我们的胜率各一半，但多年的教学经验让我深谙作弊的技巧，当为了教学之便而必须赢时，我随时可以掌控局势。

萝莉十分喜欢这个游戏，还在黑板的角落用粉笔记录比赛分数。

每天她都会把最后胜利者写在黑板角落,并合计数月来所累积的分数。记录分数这件事变成了她的作业。

几乎每天我们都会玩上一两轮,为此我不得不经常制作新的字母卡片。萝莉对这个游戏的热衷程度一直不减,甚至当我试着要取消它时,还会引起她的不悦。有时她还会提早结束午餐回教室,只为了想多玩几次。然而,排除她不减的兴趣不谈,玩这项游戏时的气氛也渐渐地在改变。有好一阵子我都未曾注意到这个现象,然后,某个下午,玩到一半的时候,我突然想到要让她。我经常如此。看到黑板上的分数,我意识到这种"经常"的现象已经持续好长一段时间。下意识里,我似乎害怕她落败。

一想到这里,我抬头注视着她。萝莉专注地看着她手上的牌,仔细地排列着牌中字母的顺序。她的双眉下垂,皱起鼻子。

"我就快要赢了。"我缓缓地说,声音中露着促狭的味道。

"不,你赢不了的。"她倒是很严肃认真。

"要是我赢了呢?"

萝莉顿了顿,抬起眼睛看着我。然后她解除戒心地微微一笑,一种典型的萝莉式笑容:"话不要说得太早。"

我没有赢,她赢了。在最后一刻,我原本可以赢的,我知道我可以赢的,只是我不愿动脑筋去想,我退缩了。不论这次游戏导致什么样的改变,我都不想要知道。

日子一天天过去,我还是继续和萝莉玩这个游戏,再不然就是在一旁看她和其他孩子玩。我不断地企图挑战她,想要激发出那个我说不出的事情,但每每到了紧要关头,我总是临阵脱逃。

事实是，我觉得其实我早已知道怎么回事了，只因自己无法接受而不愿去面对，不停地说服自己那样的改变对萝莉只有好处没有坏处，相信我对她的爱可以让情况有所不同。她的确有所改善，对自己的感觉越来越好。她会成功的，就算是最困难的阅读问题也终将克服的。她是如此的坚强，而我又是如此努力地教导她。

就算我知道这并非事实，但我还是愿意自欺欺人地去相信。

"这次我会赢。"我说。

"嗯……嗯……"她回答，头没抬一下。这个星期以来她已不再去计算黑板上的分数，只是玩游戏，对游戏深深地沉迷。

"我已经很久没有赢了，你不觉得我应该赢一下吗？"

"不行。"还是没有抬头，她丢出一张字母搭配，"该你了。"

"萝，你这样打牌不对啊，你自己看。"

"对，那样对。"

我指出她的问题，用我的手指上上下下地指着每个字母，让她相信她打的牌是不对的。

她耸耸肩："可是我没有其他的牌可以配。"

"拿去。"我把那几张牌塞回她的手里，"拿回去，等到有牌可以搭配的时候再打出来。"

"不，"她抗议道，"我没有其他的牌可以配。我要这些牌配在一起，把它们放着，它们算数。"

"不，它们不算，萝，把它们拿回去。"

她开始对我的坚持感到不悦，狠狠地瞪了我一眼："把它们放着，桃莉。如果这些牌不打出去的话，我就赢不了了。你手上的牌比我还少。"

"那是作弊的行为，会破坏这项游戏的宗旨的。"

"我不在乎，把它们放着。"

我把它们留在桌面上，自己却生起闷气来。我们沉默不语地玩了几分钟，然后，结果出来了。我抽到一张，正好配上我手上的最后一张牌，我赢了。有那么几秒钟的时间，我从桌上拿起那张牌，注视着它，要赢或放弃。

看到我的手举在空中久久不动，萝莉也显得紧张起来。我想她知道的。

"我抽到了。"我一鼓作气地说。我必须如此，以保持我的勇气，"你看，看到没？"我摊开我的最后一张牌："我赢了。"

她的脸上闪过一种完全无法解读的表情。然后我们之间的沉默变成了一股爆炸的巨响，让汤玛索和克劳蒂亚抬起头来看着我们。"你们两个在干什么？"汤玛索问。

泪水突然簌簌地从萝莉的脸颊流下，眼神露着悲伤："你不应该那样做的，桃莉，那不公平。我原本可以赢的。"

"这只是场游戏罢了，萝。我们只是在玩游戏，记得吗？"

痛苦转成愤怒，她一把扫过桌上的卡片，使得卡片四处飞散："你怎么可以对我这么卑鄙？你应该让我赢的！"然后她低下头开始抽泣起来，双肩不停地抖动着，"不公平！不公平！这里是全世界我可以赢得一些东西的地方，而现在你却不让我。我恨它！"她一边说一边踢着桌子。

就这样，到最后我还是没有让她。我不动也无语地坐着，此时我已没有能力做些什么了，就像潘多拉打开了盒子一般。和她不一样的是，过去我总是知道该怎么收拾，然而这一次我真的不知道该怎么收拾了。

我邀请克劳蒂亚的父母过来开一个非正式的会议。既然学业成就对他们的家庭如此重要，我想我应该让他们知道克劳蒂亚的课程进度。再者，我也想要知道他们对克劳蒂亚和她腹中的孩子有何计划，好让我可以在克劳蒂亚在这里的这段期间配合他们。

在所有的父母亲中，克劳蒂亚的父母可说是最难沟通的一对。他们都是不太多话的，更糟的是，她的父亲是既粗鲁又傲慢的男人，并且还以此沾沾自喜。她的母亲则害怕气氛沉默，稍见气氛沉默，便马上插话，而这样的举动又往往打断原先讨论的话题。总之，他们所说的话都不具有建设性。

我很习惯面对那些关心在我班上就读的孩子的家长。过去数年来，我面对过大学校长、入围诺贝尔奖者、著名的艺术家、酒鬼、娼妓和有前科者，他们的共同问题是：失调的孩子。不过说真的，我自认我比较喜欢教导家庭贫穷或是长期被忽略的孩子。高教育水平家庭的家长总是比较会逃避问题。

而这正是克劳蒂亚家庭的写照。

她的父亲真的是个很令人讨厌的家伙，他虽有高智商，却没有人情味。"你知道，"他对我说，"克劳蒂亚有天回家对我说，你要她指导几个小孩。"言外之意是：难道你自己无法教他们吗？

"她告诉我,她得和一个……一个黑人小孩一起做功课。"言外之意是:现在你知道我对黑人的看法了吧。

"是的,没错,"我说,"她反对这么做吗?"

他耸了耸一边的肩膀:"呃,不完全是,她只是告诉我这件事而已。"言外之意是:我反对。

"她说这里还有另一个男孩,一个移民小孩,他在家里种田。"言外之意是:现在你也知道我对墨裔美国人的看法了吧。

"没错,"我解释,"但汤玛索现在没有下田工作,他从没有错过学校的任何一堂课。他是我教过最好的学生之一。"

他若有所思地点点头,就这件事情深思了好一会儿。然后他倾身向前,声音压得低低的,有如低语一般:"这些小孩子,他们不会有危险吧?"

我也倾身向前:"不会,"我刻意学他压低声音,"我的孩子不危险。"

"哦,"他说,"呃,那么,他们的行为如何呢?他们听起来好像很糟糕的样子。克劳蒂亚会不会有样学样的危险呢?我的意思是说,如果她和那些不同肤色的小男孩一起上课,她会不会染上他的一些恶习呢?我是说,在这之前我们花了很多钱让她上很好的学校,我绝对不愿她在这里学到任何不好的习惯与行为。"我觉我有资格得到一个态度谦恭的金牌,而唯一另一个有资格得到这面金牌的人是克劳蒂亚,她和这样的一个人生活在一起那么久,竟然还能保有那般谦恭有礼的态度。

"不会,"我尽可能态度温和地向他解释,"你不用担心,其他小孩所拥有的问题是不会传染的。"

"嗯，很好，我只是担心罢了。我想你会了解的。"

她的母亲似乎又太好了，只是从头到尾，她没有完完整整地把一句话讲完过。我们之间每次的沉默似乎都让她感到害怕，总是出其不意地插进一句不相关的话。她不停地微笑和点头，好像是个绑着线的玩偶。她和克劳蒂亚刚好可以配成一对，安静的一对。

这对夫妻都未曾仔细想过克劳蒂亚将如何处理她腹中的孩子。他们带克劳蒂亚去做定期检查，但却从不考虑心理学医生提出的有利于解决克劳蒂亚和腹中孩子的建议。当我提出建议时，这位父亲的反应却是异常的愤怒。他的孩子没有问题！一切全是那个男孩的错。呃，我不知道克劳蒂亚实际上是否被强暴？也许在这个问题上她需要协助，我建议道。他愤怒指出我和这些疯小孩在一起太久了，所以才会觉得他的女儿需要看心理医生。事实上，他并不在乎一定要把她放在这个班级里，他正打算将她带离学校，另请老师教导她的功课。听到他这番话后，我闭上嘴巴。克劳蒂亚最需要的一件事就是完全的隔离。

这场会议在轻微的敌对气氛中收场。我怒不可抑，完全不敢相信我们之间竟然没有任何共识。这位父亲，就他的看法而言，我是个好管闲事的人，已僭越了公立学校老师应有的职权，他觉得是我在制造问题。我知道面对他时我必须格外提高警觉，因为在克劳蒂亚还在我班上的这段期间，若是我做出任何惹恼他的事情，他势必会想尽办法告我。

我在意

"我真搞不懂你在玩什么把戏。我们这几个不过都是别人的孩子,我们有那么重要吗?你又干吗在乎呢?"

"孩子出生后要怎么处理呢?"我问。

放学后,克劳蒂亚留下来帮我规划布的课程。那是个下雪的午后,天空灰暗阴沉多云,但并不黑暗。我走到窗前,背对着克劳蒂亚,看着外面的落雪。

"我不知道。"

"难道你没有想过这件事吗?"我问,同时转过身看着她。

"有,有时候会想。"

"你是否跟任何人讨论过这件事吗?你的家人?他们怎么说?"

"什么都没说。我们在家里是不讨论这件事的,他们不允许我谈。我父亲说不要谈,他不要我的妹妹学我。"

"你的妹妹?"

"对。卡瑞娜今年十一岁,梅洛蒂九岁。他觉得妹妹卡洛琳还不知道发生什么事,她今年六岁。而蕊贝佳才四岁,所以我可以对她讲。蕊贝佳是家庭成员中我最喜欢的一个,我把所有事情都告诉她。"

"我明白了。可是克劳蒂亚,这个小孩出生了以后该怎么办呢?就只剩下五个月而已,一眨眼就到了。"

她点点头,示意我不要再讲下去了。

"到时候你打算怎么办呢?"

"我说过我不知道。船到桥头自然直,那是我妈妈说的。我要养他,这就是你真正想知道的吗?当然,我会养他。"

"你要养这个小孩?"我走到桌旁坐下。

"没错。"她顿了顿,嘴角泛过一闪的微笑,一种内敛的微笑,好似想到什么愉快的画面,"他将会是我的,我的孩子。我要养他,好让他只爱我一个,只我一个。"她停了停,"或许还爱蕊贝佳,一点点,但爱最多的还是我。"

"你打算照顾他吗?"

她点点头:"我和我妈妈。我可以喂他,帮他换尿布或做其他事,我不在乎做那些事的,剩下的可以给妈妈做。有一天晚上,我爸不在的时候,我妈妈曾对我说,她说她很想念小孩子在身边的日子,蕊贝佳已经算不上是个小孩子了。她说,她还想再生一个小孩。"

"可是你的妈妈要工作啊,克劳蒂亚。她整天都不在家。"

"是的,我知道。可是……行得通的。"

"婴儿不是洋娃娃,就算不想照顾的时候,你也不能把他们放在架子上不理他们。"

"这个我知道，你不用这么担心。"

"我忍不住要担心。"

小小的沉默越来越扩散。气氛是如此的安静，以致让我觉得好似听见雪花飘落的声音。克劳蒂亚看着她的手指，另一只手则顺着肚子的曲线抚摸着，眼神早已不看我。我再次起身走到窗前。

"会行得通的，我知道会的。"

我坐在窗台上，冰冷的玻璃抵着我的背。见我不语，她显得慌乱。

"行得通的，桃莉，你就是那么爱操心。不会有事的，总会有办法的。"

是啊，总会有办法的。对这个不久前还沉迷在童话故事和圣诞老公公的十二岁的克劳蒂亚而言，面对着这一切，她有着全然的信心。但对我而言，却只是全然的怀疑。如果她真的要这个小孩的话，她接下来的人生已经可以清楚地预见。被学校退学或永远上不了大学；找到的工作永远养不活自己和孩子，孩子的出生成为家中永远的乱源，婚姻不易寻也不易稳定。最严重的是，自己都还没能度过童稚时光，便硬生生地被迫当个大人，不但伤了自己也伤了孩子。

"克劳蒂亚，你有没有想过放弃孩子，让别人领养？"

她的脸庞迅速闪过被电击般的恐怖表情："没有，当然没有！"

"我知道这种事情想起来就让人觉得很可怕，可是有时候对你和孩子来说，那却是最正确的想法。"

"不！你闭嘴，不准你那样说。我永远都不会放弃他的。他是我的孩子，我自己的，除非我答应，否则谁都没有权利把他从我身边带走。"

"克劳蒂亚……"

"不要再说了！"

我张嘴想要说话，但她皱起眉头，神情坚定，让我再度闭上嘴巴。

克劳蒂亚开始嘤嘤地哭了起来："你怎么可以对我说这种话呢？你没有小孩，根本不知道那是什么感觉。我要这个孩子，这个孩子会让所有事情变好的。"

哦，我的心不住往下沉。

她从桌边站起来，转过身，好似要跑。我以为她会跑走，她的确走到门边，然后在那里停下脚步，倾身将头靠在门上，低声哭泣。

我叹了口气。这个地方最近老是有人掉眼泪，令我觉得很厌烦。我离开窗边，朝她走去。一见我靠近，她立刻闪开，不过她并没有跑出去，反而回到教室内，跑到阅读区，趴在地上的枕头上。

我就站在门边注视着她，心里知道我越线了，我一直都太迟钝了。这是我们之间第一次讨论她怀孕的事情，我应该点到为止。此刻我可以看出来，我们两人对这件事情的反应都太过情绪化了。

我不知道该怎么办。克劳蒂亚对此事的不成熟态度，竟反让我觉得我是个残忍又过分的人，我讨厌自己有这样的感觉，因为那是不理智的。

克劳蒂亚趴在枕头上呜咽着。我走到她的前面，默默地站了好一会儿。我想要跪下来把她抱在怀里，一如我对萝莉和布那样，但是害羞让我却步。她似乎比我还老，她遇到了我不知如何解决的问题。她的那些眼泪并非童稚的眼泪。

我无法克服我的无言。"听着，克劳蒂亚，"我终于说，"我要到教师休息室去休息一下，好吗？"

没有回应。

"我会回来的。"

事实是，我需要出去透透气。

到了休息室后，我从饮料贩卖机买了一罐饮料。然后坐了下来，一面用冰冷的饮料压着我的额头，一面翻着过期的教学杂志。当你觉得疲倦、困惑，而且手上还拿着一罐饮料放在额头上时，或许会从中获得一些灵感。

我回到教室后，一切都还是处于沉默状态之中。打从跨进门口的那一刻起，我便观察着克劳蒂亚。虽然她已经不再哭泣，却仍趴在枕头上，背对着我。对一个年轻的小女孩而言，我心想，要应付这一切实在是太沉重了。她这个年纪的女孩，应该在家中拼她的偶像明星拼图，聆听收音机中的音乐。

我走到她的前面，在地毯上跪了下来："我带了瓶饮料给你，希望你会喜欢。"她转过身，匆匆地瞟了我一眼，然后坐起来。她的眼睛又红又肿。缓缓地，她伸过手拿那罐饮料，用双手紧紧地捧着它，大口地喝了起来。在一月份的黄昏薄暮中，沉静依旧横阻在我们两人之间。

"克劳蒂亚，我很抱歉。"我说，接着便说不下去了，因为我无法对她解释清楚内心抱歉的原因。

她看着我，一开始看我的眼睛，然后皱起眉头："为什么我所做的事情对你那么重要？根本没有人会在乎的。"

我没有答案。

她继续看着我："我真搞不懂你在玩什么把戏。我们这几个不过都是别人的孩子,我们有那么重要吗?你又干吗在乎呢?"

泪水再度涌上她的眼眶,但没有掉下来。她咬着下唇,意图压制颤抖的下巴。我伸出手想要摸她,但却悬在半空中。我们陷在彼此的眼神中,就像《爱丽丝梦游仙境》里的爱丽丝陷在兔子洞中,陷落,陷落,陷落。我感受到的是那么的多,但了解的却又那么的少。

然后她别开头去,伸手将前额的头发往后梳。她长长叹了口气后,又回头看着我,淡淡地笑了笑:"你很奇怪,你知道吗?"

我点点头。

接着是萝莉。任何不当的时刻、任何错失的机会、任何我犯的错,萝莉都会让一切变得值得付出。我真希望我能够把她可爱的灵魂装在瓶里,随时带在身边,不过,我却无法掌握那到底是些什么样的美好特质。每当我对别人提到她的好时,往往无法具体地指出好的特质为何,但她就是给我一种很美好的感觉。

在与克劳蒂亚长谈后的翌日中午,正当我坐在工作桌前吃着午餐时,萝莉跳了进来,手中还握着一张纸。一见我将椅子向后推离桌前,她便跳上我的大腿。

"我有东西要送给你。"她宣称着。

"真的吗?"

"真的。"她坐着,双腿悬在我的大腿两侧,背部靠着我的胸部。"你要不要看看是什么东西?拿去。"她把那张纸高举到我的鼻子前,我接了过来。

纸上画的是一只鸟,一只有着黑色翅膀和鲜黄色爪子的蓝鸟。虽然画得很不像,但是幸福的味道却充分地流露在鸟喙上。

"我觉得这是我画过最棒的一幅画。我把我最棒的蜡笔拿出来用,而且线条也都画得很好,你看到了没?真的很棒。这是我画过最棒的一次。"

"哦,萝莉,你说得没错,它真的很棒。"

"索森太太也这样觉得,她还打算把它钉在教室的布告栏上展出。"萝莉眨了眨眼睛,"可是我告诉她这是为你画的,所以她不可以留下它。"

"哦,你不该这样的。它真的很棒,你应该让她把它钉在布告栏的。这是张可以让你感到骄傲的画。"

"我是很骄傲啊,可是我是为你画的。"

"嗯,这真的是一张很棒的画,也许我可以在我们教室的布告栏上找个地方把它钉上,好让每个人都可以欣赏它。"

萝莉从我手中拿过那张画,高高地举在她的眼前,很仔细地检查着:"当我在画这幅画的时候,你知道我心里在想什么吗?"

"你在想什么?"

"呃,我在想,它没有像真正的画那么棒。你知道的,就像照片那样,像杂志里的照片之类的,我真的很想把它画得像照片那么真,可是我还是没有办法做到。它不完美。"

"哦,萝,别那样说。它很漂亮,比照片还漂亮。"

"不,不,我不是那个意思。我说它不完美,是因为那并不是我心中想画的样子。它不完美,和我心中想的不一样。可是你知道,桃莉,我那时心里所想的是:它很完美。不是你眼睛看到的那一部分,而是你的心看到的那一部分。"她看着我,对我微微一笑,"虽然它不完美,但对我来说已经很够了,因为……"她又看了看我,"你明白我的意思吗?"

我点点头:"是的,我想我明白。"

"没有什么是完美的,"她说,"可是在你的内心里,如果你愿意的话,你永远可以把它们看成是完美的。就是这样的想法让我觉得很多事情很完美。"

"你真是个梦想家,萝。"

她注视着我,又黑又圆的眼中传达着微笑,一语不发。

"有这样的态度是再好不过的。"

这张蓝鸟图一直没有在我们的布告栏上展出。我把它带回家,挂在我的墙头上方,时时提醒自己一个不完美世界中的美丽。

情人节卡片

> 我也希望他能够像你们一样讲话没有问题呀,可是这种事情不是我能力做得到的。布必须以他自己的方式成长。

万圣节,感恩节,圣诞节,学校岁月就在一个接一个的节日中过去了。时序进入二月份,紧接而来的重要节日是情人节。我一直试着不要过度强调各个佳节,因为那会让我的孩子过度兴奋。总之,漫长的一月份过去后,我便期待情人节的来临,借此稍稍放松一下。

萝莉当然是我们这个班级的庆祝者。在我们其他人都还没有想到如何度过佳节之前,她已开始不停地和我们讨论到她所计划的宴会、礼物和装饰等等。情人节当然也不例外。

二月份第一个星期的某天下午,萝莉抱着一个大型超商购物袋走进来。

"我为大家带来一些情人节的东西,"萝莉宣称道,"我们可以把它们挂在墙壁上,那会让教室变得很漂亮。"然后她一一地把东西拿出来,有丘比特、心形塑胶糖果盘,以及其他的装饰品,当然,还有情人节卡片。"这些是我送给每一个人的情人节卡片。"她高举着各种不同形状的信封,"昨天晚上,我和莉比,我们做的。她帮我写里面的字,我负责剪图片贴在上面。"她把卡片递给了我。

此时,其他几位小朋友一一抵达。汤玛索靠在萝莉的肩上看着那个购物纸袋,克劳蒂亚摸着墙上的装饰品,布则绕着我们三个人打转。

我拿着那些卡片,不知该如何处理。由于距离情人节还有好几天,我还没有把放置卡片的资料夹做好,而我痛恨把卡片放在我的桌上,因为我的桌上实在太乱了,我担心万一要用时会找不到。

"我可以把这些卡片放在架子上吗?"我问萝莉,"这样一来,当我们做好情人节资料夹时,你就可以把卡片放进去,好吗?"

"不好。"她把手放在唇上,"这是今天要送的,我要大家现在就把它们打开。"

"我把它们做得很特别。"

"今天才二月五日。"克劳蒂亚说。

"无所谓,它们还是今天要送的。等情人节到的时候,我爹地还会帮我买,因为我还有另一个班级的同学要送。可是这些是特别要给你们的,就是今天。现在就打开它们。"

我微笑地摇摇头:"好吧,萝。帮我分一分,这些信封上都没有写名字。"

"呃,当然没有,"萝莉生气地说,"我又看不懂。"她不悦地翻了翻白眼,气愤我怎么会没有想到这一点,"这张给汤玛索,这张是给克劳蒂亚的,大的这一张给布,还有那张是你的。"

这些都是十分个人化的卡片。克劳蒂亚的是一个女人抱着小孩子的剪贴图片,我爱你和你的孩子,是萝莉姐姐的笔迹。汤玛索的卡片是从杂志上剪下来的,那是一位西班牙舞者。大家都看不懂卡片里头的字,因为那是萝莉自己写的。

"卡片上写的是什么,萝莉?"他问。

"呃,我不得不自己写,因为如果叫莉比写的话,她一定会以为你是我的男朋友。你不是,"她耸耸肩,"你只是朋友。"

"到底写的是什么?"我问。

她红着脸,不愿告诉我。我猜它必定是我爱你之类的话,我对她提到过这点。

"呃,在情人节的卡片上写那些话是没有关系的,"萝莉迫不及待地说,"所有的情人节卡片都是那样写的,并不是因为他是我的男朋友,他本来就不是。你知道的,对不对?"

克劳蒂亚咯咯窃笑。

"没错,我们都知道,萝。"

我的卡片只是简单的一张画。因为,萝莉对我解释,杂志上的图片看起来都不适合,所以她就自己动手画了五个手牵着手的人,代表我们这个班级的五个人,每个人的头上都有一颗黄色气球,气球上面写着,我爱你们,你们让我很快乐。

布的卡片最大,是一些动物、玩具和人物的剪贴。"这张上面没有写字,"萝莉说,"因为布还看不懂,所以只有图片。因为我以前看过他在看图片,他很喜欢图片,所以我就做一本有很多图片的书给他。"

布迫不及待地在我脚旁坐下来,专心地翻着萝莉为他做的那本图片书。

"这是送你的,布,"萝莉对他说,"我特别为你做的,因为你是个很棒的小孩,我很喜欢你。"她拍着他的头说。

布翻到第二页,上面是一只正在发抖的小狗。布把图片凑到鼻子前面,闻了闻,仔仔细细地看着,然后又大声地闻着:"狗狗。狗狗。"

"嗨,桃!你听!"萝莉大叫。我正站在另一端看着汤玛索的卡片,萝莉过来抓着我的手臂:"他在说话耶!布喜欢我的卡片。"

布的指头敲着图片:"狗狗。"

汤玛索冲到他的身后:"它叫班吉,布。班吉,你会说班吉吗?"

"狗狗。"

"对。可是,说班吉。"汤玛索说。

"狗狗。"

"班吉。"

"班吉,"布重复说,"狗狗,班吉。"

"那这是什么呢?"萝莉指着另外一页。

布看着那张图片,那是一只猫。

"狗狗。"布说。

"不对,"汤玛索回答,"那不是狗狗,布,那是猫咪,说猫咪,布。"

"猫咪。"

"那是什么?"汤玛索问。

"狗狗。"

"不对。"汤玛索的口气显得愤怒不耐。

"猫咪。"

"答对了！"汤玛索和萝莉高兴得大声欢呼。

整个教室充满兴奋的气氛，我们四个人都跪了下来，围绕在布的身边。此时的汤玛索俨然是领袖，他继续往下翻，执意要布看其他照片，逐字纠正布的发音。

我跪坐在小腿上。这个地方真的出现奇迹了，我自己的小奇迹。我坐在那儿，微笑地看着他们：一个不识字的女孩，一个被逐出校园的男孩，一个怀了孕的十二岁女孩，全都是异于常人的孩子。你绝对不会认为他们是奇迹的创造者。

"哇噢！哇噢，听听你自己，布。"汤玛索说，"听听他，桃莉，听听他讲话，不再是胡言乱语了，他真的会说话了耶。"

他们继续指导布。萝莉爬过来坐到我的腿上，搂着我的脖子："哦，桃莉，我觉得我好快乐，我想要哭又想要笑。我们让布可以像个真正的人一样讲话了。"她敬畏地低语着，"我让布开口讲话了。我真的做到了，不是吗？我为他做卡片，他因为我而开口讲话，是不是？"

我点点头："我想是的，孩子，你就是那个最大的功臣。"

她依然躺在我的怀中，闭上双眼，让她的头往后垂，我想她大概快要被这种愉快的气氛融化了。

几分钟后，兴奋的气氛冷却了，布又回到以往的模样。我知道时机就快来了，这一个月来布已经有了两次回应，而这一次的回应远比第一次进步很多。这一切对我而言已经够神奇了，布的进步是个奇迹。

可惜的是，孩子们无法接受我的平常心，他们所期待的奇迹根本就是童话世界中才存在的奇迹。当布如此快地又回到旧貌时，其他孩子忍不住觉得,一切的努力付诸东流。

萝莉尤其失望:"我以为我们让他进步了,"她说,声音伴随着悬在眼眶未落的泪水,"他和我们讲话,我还以为我们把他治好了。他到底是怎么了?难道他不想要好起来吗?"

我在她身边跪了下来,搂住她的双肩:"他当然想要好起来,萝莉,只是事情就是不能如我们所愿。并不是他不愿意开口说话,而是他自己也没有办法。可是我相信,他一定非常非常高兴你们那么努力地让他讲了一点点话。"

"但是为什么他不讲了呢?"

"我不知道。"

"但你为什么就让他这个样子呢?为什么他没有比较进步一些呢?"

"哦,萝,"我说,"那不是我能力做得到的事。我也希望他能够像你们一样没有问题的讲话呀,可是这种事情不是我能力做得到的。布必须以他自己的方式成长。"

她低下头,脚在地上不停地画着圈圈:"可是我们每天都一直在教他,也听你的话,不停地和他说话,他却还是学不会。他永远都没有办法变成一个正常的小孩。"

"是的,这很让人沮丧,对不对?有时候我也会觉得很难过。"

"可是不论你多么的努力,他就是不会进步,他永远都没有办法正常。"

"不过我们还是要继续努力,"我说,"他以后会如何是以后的事,我们要牢记的是,他今天讲话了。这才是最重要的。"

她继续在地上画着圈圈。

"今天才是我们在乎的,你明白的,不是吗?那才是最重要的。"

"没错。"她有些心不在焉地答着,眼睛依旧盯着地板。

然后她停下脚下的动作,抬头看着我,摇了摇头:"不,不完全。我不明白,不完全明白。"

我伸手将她搂进怀里,将她的脸紧紧压在我的衣服上。她内心的失望迫使她不愿接受我的安慰。我抱着萝莉,望着她身后的布,他正独自一个人坐在地板上。他一只手的手指玩弄着眼睫毛,另一只手则悬在半空中对着灯光弹手指。他那柔软的躯体线条被灯光投射得梦幻不实。

可是他今天讲话了。

泰迪熊是导火索

> 一方面,他急着想要成为人们注意力的焦点,想要被爱,想要被奉承;另一方面,他又是那么的大男人主义,处处表现出男子汉的冷漠。

二月二十二日是汤玛索满十一岁的生日,我考虑要为他庆生。我应该做吗?不应该做吗?应该办得多大呢?汤玛索是个非常有趣的孩子,非常难以预测。一方面,他急着想要成为人们注意力的焦点,想要被爱,想要被奉承;另一方面,他又是那么的大男子主义,处处表现出男子汉的冷漠。最后我决定为他庆生,至少要烤一个蛋糕,剩下的节目则即兴演出。

想到礼物的人是萝莉。

某天早上,萝莉利用下课时间跑进我的教室。由于还有几个资源学生在教室内,所以她蹑手蹑脚地来到我的工作桌旁,轻轻地拍了拍我的肩膀,把我吓了一大跳。

"我必须问你一件很重要的事。"

我扬了扬眉毛。

"你知道,星期五是汤玛索的生日,我们可以送他礼物吗?"

"不,我不这么觉得,萝。我们只有蛋糕,也许还玩一些游戏或什么的,不过没有礼物。"

萝莉踌躇着,撇了撇嘴角:"我已经买好了。昨晚爹地带莉比去买芭蕾舞衣的时候,我顺便买了。我用自己存的钱去买的,爹地没有帮我出钱。而且我还花了二十九分钱买了蝴蝶结。"

"哦,"我回答,"呃,我不知道耶,萝,我想应该没有关系吧。可是我们其他人都没有为他准备礼物,我们也都没有在这里过过生日。你觉得那样公平吗?"她不耐烦地皱起眉头:"哦,桃莉,生日是没有什么公不公平的。生日就是生日,所以,我可以送他礼物吗?"

我让步了:"不过,听着,趁着还没有上课之前赶快回去,免得索森太太找不到你。"

萝莉露齿笑了笑,用力拉了拉头上的绒帽:"没有关系的,我会跟她说是你找我过来的。"她一阵大笑,"而且她一定会相信我。"然后她往后跳开,让我抓不到她。

"那么你要不要顺便告诉我你送汤玛索什么礼物?"

"不行!"她咯咯笑了一阵后,往门口冲了出去,"那是一个惊……喜!"然后身影消失无踪。

二十二日星期五。萝莉和我在汤玛索的座位上绑上许多皱纹纸,克劳蒂亚在门上挂上一张巨幅的"祝汤玛索生日快乐"的标语条。

汤玛索非常喜欢这一切布置。一跨进教室，他便说："我从来未曾有过生日宴会。"他抬着头从各个不同角度看着那幅标语条，"这些全部都是你们为我做的？为我做的？"他的眼中闪烁着光彩。

他惊讶得无法言语，睁着一双大眼睛在教室里走来走去，东看看，西摸摸："为我做的？我从未曾有过生日宴会，从来没有过。还有一个蛋糕？你们为我做了一个蛋糕？为我？"我从未看到过一个孩子对标语条、蛋糕、气球、皱纹纸露出如此不可置信的眼神。汤姆不停地在教室转着，每转一圈，他就摸摸气球或蛋糕，注视着那个标语条，一次又一次地问我们："为我做的？为我做的？"

"还有，你猜怎么样？"萝莉跟在他的后面对他说，"你猜怎么样，汤玛索，我还要送你一份礼物。"

他的眼睛充满怀疑。

"是真的！对不对，桃莉？"她转身看着我，"我可以给他吗？"

"就先到此为止了，我想我们应该先把我们的功课做完。我们从现在开始做功课做到下课，然后吃蛋糕，到时候你再把礼物送给他。"

一番抗议后，萝莉终于说服我让她把礼物盒拿出来给汤玛索看一眼。只要给他看一眼就好了，她保证。然后我们再去做功课。我屈服在她的压力下。

那是一个很大的盒子，大约有两平方英尺，看起来很富丽豪华。从包装的样子看起来，不难猜出是萝莉亲手包装的。

"给我的？"汤玛索立刻说，"那是给我的？"他不敢相信地瞪着眼睛。

我好不容易才说服萝莉把盒子放回柜子，并要求他们回到座位上。

不过汤玛索和萝莉仍继续交换着兴奋的神情。

"过来呀,你们两个,"我喊着,"快过来这里。我们先做功课,然后再拆礼物,快点。"

克劳蒂亚已经抓住布,并将他带到桌前的座位上。汤玛索还是和萝莉在一起,那个大盒子就夹在他们两人之间。他们站的样子,以及无语的对视,真的很像一对恋人。

待他们两人不情愿地回到座位上后,我发给他们各自的作业。终于,教室好不容易可以安静一会儿,每个人都在思考着作业的内容。然后,汤玛索瞟着萝莉。

"你买那个真的是给我的?"他轻声地说,"你是买给我的?"

萝莉头都没抬地点了点头。

"因为你想要买一个礼物送给我?"讲到"想要"两个字时,语气还微微提高了些。

看着他们两个,我会心地微笑,心中有股酸酸甜甜的感觉,这种细微的温馨往往令我动容。

一个半小时有如停滞不前的永恒。萝莉不时地看手表,但因为还看不懂,只好用手肘轻推汤玛索或克劳蒂亚。汤玛索的眼光当然也没有闲着,只是他的动作不如萝莉那般明显。我甚至还逮到克劳蒂亚的心不在焉,只有布最正常。

好不容易终于挨到下课时间。我的办公室助理将孩子们带到外面,我则利用这段时间切蛋糕,把果汁倒好,并把所有的礼物放在桌子的正中央。

一待回到教室内,汤玛索兴奋得又叫又跳,布做出飞机姿势,在教室里飞了起来,萝莉高兴得直唱歌,只有克劳蒂亚依旧压抑着兴奋神情,努力保持礼仪。

"我的礼物!先打开我的礼物!"萝莉大叫着。

"来。"我把果汁递给正忙着拆礼物的他们,"布,不!不,不!"他把他的蛋糕高高地举在头上。

"打开我的礼物,汤姆!"

"桃莉,布正把蛋糕放在他的头上。"

"萝莉,小心,拜托你,好不好?你差点就踩到我了。"

"救我!谁来救救我?我的果汁快要掉下去了。"

"布,求求你坐下,好不好?别把那个东西放到你的耳朵里面。克劳蒂亚?萝莉?拜托你们把他耳朵里的蛋糕拿出来,好不好?布!"

"你们看,我的蛋糕里有一朵花耶。"

"嘿?那我为什么没有花?桃莉,我也要花。"

"布!"

天下大乱。"好了,各位,我数到五的时候,你们都要坐在地上,并且把食物放在各自的前面,知道了吗?一……"

一阵迅速的椅子移动声音和脚步声。

"二。"

"汤姆,这里。快点,坐在我旁边。"

"三。"

"布,布。坐下,布!"

"四。"

"住手！别再动了，萝莉。请你坐下，好不好？如果我们有麻烦的话，都是你引起的。"

"四点五。"

蠕动。蠕动。蠕动。

"五。"

四张天使般的面孔望着我。汤玛索和克劳蒂亚把布挤在两人中央。

"这还差不多，"我说，"我的老天，你们的行为好像野蛮人。现在，我们坐着把蛋糕和果汁吃掉，像个文明人一样，好吗？"

三个人点了点头，布则早已呼噜噜地喝起果汁来了。

几个孩子一边吃东西，一边聊了起来。

"我喜欢这个蛋糕，桃莉，"汤玛索说，"这是什么蛋糕？"

"巧克力蛋糕。"

"哦，好，我要记住这个名字，它真的很好吃。"

这话让萝莉被吞到一半的果汁呛到。在此同时，克劳蒂亚高举着她的盘子："我喜欢巧克力的味道。"一听此言，大家都自然而然地把蛋糕凑到鼻前闻一闻，就连布也有样学样地闻起他的蛋糕。

"天啊，这味道真的棒透了，"汤玛索说，"我只要闻着它就饱了。"

萝莉兴奋地跪了起来："你们猜怎么样？猜我知道什么？你们的那里都是黏在一起的。"

我们一头雾水地转头相觑。

"在那里。"她张大嘴巴指着里面，"你们的嘴巴和鼻子在里面都是黏在一起的。你们知道我是怎么知道的吗？"

"嗯哼。"我们摇着头。

"呃,有一次我的姐姐莉比,呃,那天的晚餐是豆子,吃完后她跑到楼上去吐了出来。她趴在水槽上吐,而且你们知道怎么样?那些豆子全都从她的鼻子里吐出来。"

"萝莉!"我一副严师口气。

"真的,桃莉,我没有说谎,是我亲眼看到的。当时我就在浴室里,看到豆子从她的鼻子里跑出来。所以你的嘴巴和鼻子一定黏在一起。"

"我没有说你说谎,萝。只是这个话题……"

"呃,你们知道我祖母做了什么吗?"克劳蒂亚抢着插嘴,"她用盐水漱鼻子。"

她的话引来一阵哄堂大笑。我把我的蛋糕分一半给坐在身旁的汤玛索。这场对话简直越来越不像话。

重要时刻终于来临了。萝莉煞有介事地把桌上那个鲜黄色包装的大礼盒拿过来。

"拿去。"她把礼物放在地板上,自己也坐了下来。

汤玛索坐在那儿瞪着那个礼物好一会儿。然后,小心翼翼地,他开始解开缎带。

他解缎带的动作是那么的缓慢优雅,好似那个盒子随时都会消失一般,同时我还听到他口中轻轻地念念有词。萝莉则紧张地跑过来抱着我的膝盖。

鲜黄色包装纸散开,一个大盒子显露在眼前。盒子粘得很仔细,汤玛索费了好一番工夫还无法完全将它们撕掉。他双手捧着盒子，神情越来越兴奋。

"你需要一把剪刀吗，汤姆？"我问。

"不用。"他拉着盒盖，但还是拉不开。萝莉用大胶带把它贴得牢牢的。"好吧，我想我需要，桃莉，我打不开。"

"我去拿，我去拿！"萝莉高喊着，冲到窗旁的剪刀架拿剪刀。

"不，等一下，萝。那把剪刀不够利，剪不开这些胶带的。"我走到我的桌前，打开抽屉，摸出一把又长又尖的剪刀，"拿去，汤姆，用这一把。"

"耶！"他接过剪刀，高兴地清除掉盒上的顽强胶带。

他专注而缓慢地打开盒盖，盒盖下方是一堆碎纸丝。萝莉再度跳到我的身上。然后，他伸手到盒子里面把礼物拉出来。

一只泰迪熊。黄褐色的身体穿着一件深褐色的T恤，尺寸不大也不小。汤玛索把泰迪熊举得远远的，注视着它。萝莉的喜悦有如火山爆发一般，克劳蒂亚则对着汤玛索微笑。汤玛索显然已经惊讶得无法言语，只是呆呆地坐在那儿，无声无息，一动也不动。

"怎么样，你喜欢吗？"萝莉问，"我用我自己的钱买的，我爹地一毛钱都没有帮我出。我存了好久，原来是要用来买圣诞礼物的，可是我知道你没有泰迪熊，所以我不在意少买圣诞礼物。"

汤玛索爆发了。他站了起来，把撕得粉碎的包装纸和纸条丝丢得到处都是。"真是个蠢礼物！你怎么会觉得我要那种东西呢？你以为我是谁？长不大的婴儿吗？"他大声叫骂，"真是个狗屎礼物！你是不折不扣的笨小孩，不管做什么事情都和认字一样的笨，难怪你会被送到这个白痴班级来。你什么都不知道！"

沉重的一击。萝莉的双肩垂了下来，嘴唇也难过地下弯，眼泪汩汩流出，迅速滑下她的脸颊。她放声大哭。

我起身追汤玛索，但他的动作比我快，逃过我的防卫阵线。

"来，让我来告诉你，我对你这个臭礼物的看法！"汤玛索吼着。他一手抓起剪刀，狠狠地朝泰迪熊的肚子刺了进去，把泰迪熊肚子里的填充物都挖了出来，四散在地板上，然后把剪刀丢在地上。汤玛索歇斯底里地在教室里狂奔尖叫，不停地咒骂，萝莉则是痛哭不已。

"汤玛索，停下来！"我以百米赛跑的速度跳过工作桌，将他围在窗户和矮书架的角落。他奋力跃过书架，继续跑着。因为担心他会在这样的精神状态下跑出教室，我再次跳过工作桌追着他。

汤玛索趁此之际，抓起一把椅子朝我扔来。毁坏的椅骨打到我的脚，痛得我靠在门上无法动弹。

当我恢复力气可以站立时，汤玛索已握着那把剪刀抵在我腹部前面几寸之处。

一片死寂。静得让人觉得听到耳鸣的声音，萝莉甚至也不哭了。

"不要告诉我该做什么，"他说，声音又低又粗哑，"我听烦了你的喋喋不休，你这个老巫婆。你给我闭嘴，否则我就把这个东西插进你的肚子里。"

他真的会那样做的。我一面贴着门板慢慢站起，一面注视着横在我们之间的剪刀。我知道被逼急的话，他真的会动手的，他的眼神再坚定不过了。

他手上的剪刀进一步逼近，刀尖和我衣服的距离不到一寸。

还是紧张的沉默。

我深深吸了口气,将气缓缓地吐出来,迫使自己放松。脚上的痛此时已窜上我的头,怎么都驱不走。空气中弥漫着重重的蛋糕味、果汁味和恐惧味,我分辨不出我所嗅到的恐惧是谁的,他的还是我的。克劳蒂亚、萝莉和布早已被吓得噤若寒蝉。

"你这个可恶的老巫婆,你这个巫婆。"他再次地说,声音依旧低沉粗哑,但是声音的背后藏着另一股我无法分辨的情绪。

沉默,我的心跳声可以清楚地听到。这类事件对我来说是种职业性冒险。虽然我在工作中经常接触暴力问题,但我本身未曾有过这种经验。接受事实让我的头脑越来越清楚;总之,就算有过亲身经验也未必就能够减轻我此刻的恐惧。汗水已经浸湿了我的腋下,湿透我背后的衬衫,现在我感觉到它正沿着我的胸部汩汩流下。别这样对我。拜托,汤姆,不要。拜托不要。只是我们所有的人依然沉默不语。

我们注视着彼此。手中的剪刀助长了他的自信,他直直地盯着我的眼睛。多么漂亮的一个孩子,即使在这不适当的时刻,我仍然忍不住这么想,这样的想法甚至强烈过内心的恐惧。

我等候着,沉默地注视着他的眼睛。

我希望外头有人注意到贴在门板上的我,然后走进来解救我们。但转念又想,那也许只会让情况变得越发不可收拾,汤玛索可能会因此而冲动行事。

时间一分一秒地过去。

"汤玛索,"我低声地说,"你不会想要这样做的。"

"闭嘴。"

"拜托，汤姆，你不会想要伤害任何人的。"

"你这个可恶的老巫婆，闭嘴！你总是不停地告诉我该做什么！你总是让我感觉到我不想感觉的事情，我受够了。我不是你的财产。"他的声音打破一室的沉默，"我受够了，你们实在太吵了，弄得我耳朵好痛。你，尤其是你。你弄得我耳朵很痛。"

突然间，他的嘴角垮下来，下巴颤抖，接着举起另一只手，用袖子擦了擦眼睛。

"我恨你，全都是你的错。"他喊着。

"我的错。"

"还有她的错。"他指着萝莉。

"你这么生气都是我们的错？"我问。

"我没有生气！为什么你老是那样说？到底要我告诉你多少次？我没有生气！"

"哦，我明白了，你没有生气。"

"没有。"泪水开始滑下他的脸颊，他粗鲁地将它们擦掉，"我只是不快乐。"

我趁机轻轻移动身体，但他视此为敌意性的举动，又将剪刀拿起来对着我的横隔膜。我吓得不敢再动。

"你再动一下试试看。"

"好，我不动。"

我望着他身后远处的时钟，觉得好似过了一个世纪那么漫长。事实上，再过半个小时就下课了。我深深吸了口气，将背紧压着门板，以求舒缓抵在我皮肤上的尖锐利剪。

他还是努力地掌控全局。我不停地打颤，先前濡湿全身的汗水已转凉，手臂上满是鸡皮疙瘩。在汤玛索的背后，克劳蒂亚一直抓着布，现在她拉了张椅子，坐下来。萝莉又开始哭了起来。我们的关系正分崩离析，而一切都只是为了一个泰迪熊。

"听着，我很抱歉，汤玛索。不管我做了什么惹得你这么生气，我都很抱歉。"

"不，你不必抱歉，都是你的错。"

"我做了什么了？至少你应该告诉我吧？"

"你还不知道吗？"

"不知道。"

"你怎么跟这个教室里的每个人一样笨啊。"

我点点头。

他的泪水再度涌出，这次更多。他低头看着手中的剪刀，他的泪水滴落在剪刀上。我还是不敢动，甚至连深呼吸都会让皮肤紧抵剪刀的尖端，也让那把剪刀在他的手中震动。抑或，是他的手在发抖。

"为什么你就不能不要管我？"他问，抬起眼睛看着我，声音变得柔和许多。

"为什么你老是关心我？"我看到他把剪刀放低了些，"我想要恨你，我想要恨你，为什么你就是不让我恨你？为什么你就是不愿让我一个人孤独？"

我原以为他会跑走的，但他没有。相反地，他注意了一会儿剪刀，用力地把它丢在地上。然后他低下头，用双手盖住脸庞，大声地恸哭起来。

突如其来的转变惊得我一时不知如何反应。我想着他所问过的问题，我凭什么一定要他们去在乎这个世界？其实每个我接触过的孩子都曾对我提出同样的问题，令我难过的是，我并没有答案。一想到这里，也就觉得剪刀问题不是那么重要了。

"哦，汤姆。"我也掉下泪，"哦，汤姆，我很抱歉。"我将他搂进怀里。

我们安慰着彼此。我坐在地板上，把汤玛索抱到我的腿上。虽然他才十一岁，但体形相当大。他紧抱着我的脖子，将脸埋在我的头发里，颤抖着身体，低声哭泣。我背抵着门板，抱着他来回地摇着。此时已是无声胜有声，我的心因感触太深而忘记泪水。

第二堂课的前半个小时有如永无止境似的。我就那样抱着汤玛索将近半个小时，然后其他孩子开始给我压力，要我起来重建教室的秩序。我们再度动了起来，彼此聊着天，红着脸谈到下午的这场混乱。

其实我最想陪伴的是萝莉，因为我知道这件事带给她的伤害有多大，不过，距离放学时间却只剩下约十五分钟。于是，我们对这个令人印象深刻的星期五有了一个共识：把凌乱的教室打扫干净，把今天的事情抛到脑后，准备下个星期的课程。

汤玛索漫无目的地到处走，就像一个身在异域的隐形人一样，东撞撞、西撞撞，也无视于我们的存在。萝莉，我注意到，偶尔会停下手边的动作观察他。我看不出她心里在想些什么。

我再次回头，看到汤玛索正弯下腰拾起泰迪熊和四散的填充物，想要把填充物塞回玩具的肚子里。他怯怯地拿着泰迪熊，朝我走过来。

"你可以修好这个东西吗?"他问,不敢抬头起来看我,"我在想,也许可以把它缝起来。"

我拿过泰迪熊仔细检查着:"可以的,我想也许可以修好。"

"你有针线吗?你可以把它缝好吗?"他顿了顿,"现在?"

"我不确定我是否有那些东西。"

"你可不可以去找找看?拜托?"

我带着受伤的玩具熊走向我的桌子,汤玛索跟在我后面。正当我在寻找针线的时候,萝莉靠了过来。

他们两人一言不发地互相注视着彼此良久。我非常希望他们之中有人开口,但他们就是沉默不语。萝莉靠到我的桌旁:"我可以到办公室看看他们是否有针线,如果你要我去的话。"

我看着她,忍不住敬佩起她的勇气:"好的,萝,如果你愿意走一趟的话。"放学钟声响过后萝莉才从办公室回来。克劳蒂亚代我帮布穿上皮靴,然后带他到校门口等他母亲来接他。汤玛索依然待在我的身边,紧紧地把泰迪熊抱在胸前。一待萝莉回到教室,我便从他手中拿过泰迪熊,坐在桌前,仔细地检查着:"我没有办法把它修得像新的一样,汤姆。"

"没有关系的。"

我把线穿过针孔。

"桃?"他问。

"什么事?"

"你会现在就修吗?"

"你必须去搭你的校车,汤玛索。这个东西得花上我好一会儿时间。星期一我再拿给你,你觉得如何?"

他没有立刻回答,只是看着我。他的防卫已完全消散,我可以直接看到他的灵魂。他的眼睛再度垂下:"我可以留下来吗?我现在不太想回家。"

我想了想,然后点了点头:"好吧,待会儿我可以送你回家。"

"你现在就修吗?"

"好的。"

萝莉仍旧站在我们旁边,她轻轻地碰了碰我的肩膀:"桃莉,那我呢?我也可以留下来吗?"

我抬头看着她。

"我也不想回家。"

我对她笑了笑,她点了点头。

正当我把填充物塞回去并开始缝合时,她坐到我的腿上。虽然我的技术不是很好,但还是弯着腰仔细地缝着。

一时之间教室又陷入安静。我的情绪从那么高的地方陡然降低,几乎就像肉体上的痛楚那么真实。就好比小时候,在雪地中玩了太久,一进到温暖的室内时,便立刻感觉到早已麻痹的手指和脚趾的刺痛。

坐在地板上的萝莉和汤玛索,目不转睛地盯着我工作。大约缝了十五分钟后,我因为手指酸痛,背也因长时间地弯着而酸痛不已,不得不暂停下来喘口气。

那两双眼睛,两双坚定的眼神,深信我一定会把东西修好。

我微微一笑:"你们知道,你们两个是我最喜欢的孩子。"

萝莉淡淡地、谜一样地微笑着,汤玛索则没有什么表情。

"你不是那么在乎事情是否能够如此圆满,对不对?"萝莉说。

"是的,我并不是真的很在乎。"

"听到没,汤玛索?"她回头看着我,"我早就告诉过他了。"

"你爱我吗?"他怯怯地问。

我点点头:"是的,我猜那是另一种讲法。"

寻找团体支持

> 一切是这么的明显，即使她的嘴巴对我传达着抚育孩子的美梦，但眼睛里传达的却完全是另一回事。偶尔她甚至想冲口而出：我该怎么活下去？

那个星期五下午，萝莉的泰迪熊为什么会惹汤玛索抓狂，我不得而知。或许是那份礼物勾起他伤心的回忆；或许是仁慈的萝莉选择这样一份人性化的礼物，让这个不知仁慈为何物的男孩感受到前所未有的痛苦；也或许是埋在他内心更深、更复杂的事情。我不知道。那个下午，他带着那个有着纵横交错缝线的泰迪熊回家。

经过那天下午的事件后，汤玛索的行为起了变化。那种变化很微妙，让我很难精确地指出来。反正，他就是变了。以前，汤玛索从未对班上任何人有过暴力行为，虽然他总是充满敌意，但我从不相信他是那种会去伤害别人的人。那天下午之后，他未曾再威胁过任何一个人。虽然他还是会生气，但他让我觉得比以前安全。现在，我们之间有了默契，知道该如何不让不好的事情破坏我们之间的关系。

那个混乱的下午对汤玛索以及我而言，都是个里程碑。当我发现自己静静地盯着他时，我感觉到一种了解，一种潜意识里无法言语的了解。

克劳蒂亚怀孕一事继续困扰着我。我知道她生出一个不健康婴儿的可能性很高，因为她的年纪实在太小，也因为她怀孕这几个月以来并未受到良好的照顾。更糟的是，我心想，我知道她可能会坚持要去照顾这个不健康的婴儿。对于生产和婴儿我还稍具经验，毕竟我曾接触过这么多被人们忽视的孩子，他们的父母本身既不成熟又问题重重。克劳蒂亚又懂多少呢？一想到这里，我便不禁感到难过。

我告诉她，她孩子的未来将会很悲惨。她执意不信，反而觉得她的孩子会像童话故事中说的，会幸福快乐地长大，一旦孩子出生后，一切都会很顺利的，他一定会是个很完美的孩子。总之，不论我说什么，都无法改变她那梦幻的想法。

这只是其中一面，还有另一面是克劳蒂亚鲜少提及的，即便我觉得它的存在远比她的梦想更强烈、真实。曾有好几次，我注意到她独自一个人站在操场上，背靠着砖墙，手摸着肚子，看着其他孩子快乐地嬉戏。一切是这么的明显，即使她的嘴巴对我传达着抚育孩子的美梦，但眼睛里传达的却完全是另一回事。偶尔她甚至想冲口而出：我该怎么活下去？

我对克劳蒂亚的了解不多。虽然数周以来，我们越来越亲近，但我还是不了解她。更糟的是，我对她内心的想法也不够了解。从没有过一个孩子像她一样，让我感到毫无着力点，让我有如置身一场噩梦，百般努力却不见丝毫进步。我清楚克劳蒂亚迟早都得面对现实与梦幻的冲突，只怕届时她会做出不理智的选择。辅导这个女孩，我得和时间赛跑，问题是，截至目前为止我毫无收获。我知道我需要帮助。

我还是无法得到克劳蒂亚父母亲的任何协助。在那次会面数星期后的某天早上，我打电话到她母亲的工作场所，表明想要单独和她谈谈，借此让她了解我对这件事情的看法。聊了一会儿后，我说我希望她和她的丈夫能够考虑带克劳蒂亚去精神治疗中心。他们不愿意，似乎没有必要，她母亲说。我指出，我和克劳蒂亚相处的时间越长，越相信她有极严重的忧郁情绪。她总是借由书籍、电影、音乐来逃避面对，而当这些方法都无法奏效时，她就躲进教科书里。我告诉她的母亲，这个问题将会越来越严重。

忧郁？她的母亲忍不住大笑。那只是成长的过程，她自己十二岁的时候也是那样。更何况，克劳蒂亚怎么可能会忧郁？她只不过是个小孩子。她的态度再度让我感到挫折。

我决定自己为克劳蒂亚找资源。我所希望的是找某个支援团体，或许是由青少年孩子的父母及咨询顾问所组成的团体。我希望这个地方是她可以分享她的感觉、找到解决之道、掌握未来行为、让她归属于一个充满关心与谅解人群团体的地方。愚笨如我，我就是相信有这样一个团体存在。

电话簿握在手上，电话听筒压在耳上，我开始拨打高中辅导室的电话号码。

"你的女儿几岁？"辅导员问。

"她不是我的女儿，她是我的学生。我听说你们这里有怀孕女孩可以上的课程。"

"你打这通电话经过家长的同意了吗？"

"没有，我只是想要找到可行的解决方法。"

"很抱歉，你何不请她的父母打电话给我呢？我不觉得我们应该在电话里透露机密讯息，不是吗？"

机密？只要看克劳蒂亚一眼就知道她的问题出在哪里了。无所谓。我挂上电话。

"哈喽，我叫桃莉·海顿。"

这次接电话的是某家医院的护士，传言她在教授育儿课程。我向她说明我打电话的用意。

"有一本很棒的书，我写的，书名叫作《生命的奇迹》。"

"里面写些什么呢？"我天真地问。

"谈的是精子如何在父亲体内成长，父亲如何将这小小的种子放到母亲体内，婴儿如何成形。内容新颖，用词活泼，很适合十二岁孩子阅读。还附有精子和卵子的图片。"

"听起来好像很棒。问题是，我们已经清楚了精子和卵子的部分，我要找的是某个可以支援这个女孩的团体，好帮助她调适这一切。"

"哦。"接着另一个兴奋的"哦"，然后停了好一会儿，"那听起来是个不错的主意，对不对？你有没有试过精神治疗中心？"

精神治疗中心。接电话的是一位男性心理医师。"嗯……"他意有所指地说。

"嗯……"

"你知道,"我说,"这一切给我很不好的感觉。这个女孩完全不知道避孕的事情,事实上,我认为她根本不知道自己是怎么怀孕的。"

"嗯……是的,很糟糕,对不对?我们在这些孩子面前大谈特谈性,却不教他们如何去应对它。嗯。时代不同了,不再是你我小时候的那个样子了,对不对?人们不知道这些孩子实际上已经在做那件事了。你知道的,那件事。"他的口气听起来像汤玛索。

"没错,"我说,"可是我所想的是,她在这方面需要一些支援,她才十二岁而已。"

"嗯……嗯哼,这个我明白。你的意思是治疗?嗯?"

"那是再好不过了。可是我想的是某个团体,可以让她和其他有相同经验的女孩分享经验。如果能有个咨询医师在旁指导更好,如此一来她就不会觉得那么孤独了。"

"嗯……这就比较难了。"

"我担心她的父母不愿接受治疗这种事。"

"我明白了。嗯……嗯……这就比较棘手了。那么家庭计划单位呢,你有没有试过那个地方?"

家庭计划单位。电话那端是一位有着浓重口音的年轻妇女。

"十二岁,是吗?"她问我,"哦,这不就太可怕了吗?真是太悲哀了。"

"是的,可是……"我第四次说明我打电话的用意,觉得自己像一部破旧的录音机。

"她懂得如何避孕吗?"

"显然不懂。"

"好的,"她若有所思地答道,"显然不懂,嗯?"这似乎有点考倒她了,"呃,我可以寄一些有关避孕的文章。"

"我所需要的是为这个女孩找一个支援团体。"或是为我自己找一个,哈哈。

"我们可以请你把她带过来,我们来和她谈谈。她的父母允许她服用避孕药吗?"

"我不觉得我们现在需要的是避孕方法。她怀孕了。"

"没有家长的同意书,我们不能给她服用任何东西的,尤其是一个十二岁的孩子。她的父母亲会签同意书吗?"

"一如我所说的,我不觉得我们此刻需要避孕的东西。"

"那么文章呢?如果他们需要进一步研究未来的应对之道……"

"坦白说,我们现在不需要任何避孕知识。"

"哦?哦,我猜是吧。好吧,那我能帮你些什么呢?"

"一个团体?"

"我们没有任何那方面的资讯,你打过电话给医院了吗?我知道那家医院的某位护士写了一本很棒的书,年龄正好符合。"

我在电话簿上随意找了一个牧师的电话,拨了过去,再次播放我的问题。

"十二岁，你说？"他的声音很温和。

"是的，我正在找一个支援团体。"

"我只知道一个，可是不知道它目前是否还存在，那是一所高中的辅导室办的。"

我再次拨电话给那所高中辅导室的辅导员。我故意把音调提高，希望他不要认出我先前打过电话给他。

"是的，我们的确有一个团体，"他告诉我，"你的女儿年纪多大？"

"十二岁。"

"十二岁？十二岁大？"

"是的。"

"哦，我很抱歉，我们只收十六岁以上的女孩。"

我叹了口气，觉得欲振乏力："可是她目前有孕在身。"

"我很抱歉。但就我的看法，我觉得十二岁实在太小了，无法参与这样的讨论，他们的讨论都是很成熟的。"

老天。我心想，她都已经大到可以怀孕了，却还不能谈论这种事情？

"你可不可以开个例呢？她是个很成熟的十二岁孩子，她的智商很高的。"

"我真的很抱歉。"

最后一通电话。我拨给学校的护士，一个点头之交。我知道她无法给我提供任何资讯，但我希望听听她的意见。

"桃乐丝，我需要一些建议。"

"你把我问倒了。"

"像这种规模的社区应该要有一个那样的团体，不应只是那些高中辅导室所办的团体。"

她同意，但她觉得问题在于克劳蒂亚的年纪而非她的怀孕，没有人愿意承认那么小的一个女孩能够并且愿意怀孕。在这样的社区里，这种事情实在太惊人，绝大多数的人都不愿去面对及解决这种问题。或许，如果他们对它视而不见，它们就会自动消失。

虽然我了解也同意她的理论，但这根本帮不上克劳蒂亚。"这么说来，是没有任何团体喽？"我问。

"这种事情太棘手了。"

"难道我们没有办法创办一个吗？"

桃乐丝闻言大笑："可以呀，你自己去办吧。"

柜子里的萝莉

我的心融化了,担心让我们一个个地都成了傻瓜。

我听到了尖叫声。

一开始我并没有多想。那是早上十点二十五分左右,我正在指导巴比·比奇诺的拼字,其他三个资源学生正在工作桌上玩游戏。我虽然注意到了尖叫声,却不予理会,继续指导我的学生。

那尖叫声停了一会儿,然后又开始且更为靠近,声调尖锐而高低起伏,有如警铃般地响彻走廊。这时,巴比抬起头,侧着头聆听着。其他三个孩子则停下手中的游戏,跑到窗前一探究竟。

砰!有东西硬生生地撞上紧闭的门。在我起身前去查看的时候,巴比一脸疑问地看着我。我小心地拉开门闩并打开门。一开始门板无法移动,于是我稍稍用力将它推开。

萝莉,她瑟缩在门板和墙壁的缝中呜咽着。

"萝莉?怎么了?"我惊慌着,心简直快跳出喉咙,让我觉得反胃,"回答我!"

突然间,她有如脱了缰的野马,闪过我冲进教室,跑到我放置美劳用品的柜子处,一把将所有东西都扫到地上,然后从一个柜子前面拉开地毯,迅速地溜进下方的那个小空间。

突如其来的意外惊得我一脚门内一脚门外无法动弹。这到底怎么一回事?几个资源学生也都被她的举动吓坏了。巴比·比奇诺正要从椅子上起身,也僵成了半蹲姿势。凯莉·魏斯,我的资源学生之一,弯下身看了看柜子下方。

"萝莉?"我走向柜子,趴在地上,想要看清楚她。她就在那里,双手保护地抱着头。"萝莉,怎么了?发生什么事?"

她的低声哭泣是唯一的回答。

我站了起来,几个资源学生都噤若寒蝉地瞪着她。"好了,各位,今天就上到这里,现在回去你们各自的教室,好吗?明天我们再继续。"

"可是现在才十点半,桃莉。"巴比说。

"对啊,我们的游戏还没有玩完。"

"我知道,可是请照我的话做,好不好?下次再把它玩完。"

他们静静地收拾着各自的东西。几分钟后,教室里就只剩下萝莉和我。我走回柜子旁,弯下身。她就躲在角落深处。其实我的手摸得到她,但我并没有这样做。

她的手紧紧抱住头,不停地哭着。

"萝?就只有我而已,宝贝,其他人都走了。现在你出来告诉我怎么一回事,好不好?"

我不知道她到底有没有听到我的话。

有人推开我身后的门,进来的是丹·马歇尔和艾娜·索森。他们停下脚步,张望了一下教室。我起身。

"她不在这里吗?我还以为你说她跑到这里来了。"丹问艾娜。

"她在这里。"我说。萝莉轻微的哭声几乎听不到,因此他们两人一脸的困惑。

我指了指她的位置:"她就在柜子下面。"

"哦,这下可好了,"艾娜不耐烦地挥了挥手低语着,"我发誓,"她对丹说,"那个女孩疯了,只差没进疯人院而已。"

"到底怎么回事?"我问。

"你的猜测和大家的都一样,我想我们应该打电话到精神治疗中心,请他们开车来把她带走。我真的打算这样做,丹,那个女孩绝对是个疯子,事情就这么办了。"

丹望着我身后那个柜子底下的动静,他若有所思地用手托着下巴。

"发生了什么事?"我又问。

"谁知道?"艾娜答道,"我们就像平常一样在上阅读课,她一如往常地和我们一起上课,但也一如往常地心不在焉。我受够了,也对她表明,谁知她竟发起疯来,吐得一身,连地上和仙蒂的新鞋也都被吐得一团糟。完全没有任何预警,她吐得我们每个人一身。然后冷不防地站起来,像只野马一样,尖叫着拉开门闩,夺门狂奔而去。我曾经告诉过你,这个孩子疯了。"

丹摇着头:"我真的很担心她。"

"然后她做了什么?"艾娜继续说,"她跑到这里。我原先以为她会跑到女生厕所,于是我一路追着她。要不是碰上丹的话,可能我现在还在追着呢。我告诉她,如果她再这样继续尖叫乱跑的话,我就要狠狠地处罚她。"

有好一会儿的时间,我们全都盯着那个柜子。事实上,我甚至不知道到底发生了什么事。

"那么,我们是该把她拉出来还是怎么样?"丹问,在问我,也在问艾娜。丹是个坐四望五的高大男人,有着一般男人的温和,但显然无法理解萝莉这种不合逻辑的行为。

"不,等一下,丹。不要。"我拉了拉他的袖子。

他没有回应。

"我们何不就让她待在那儿呢?不管怎么说,她都还在气头上。我们就不要再火上浇油了。"

"哦,桃莉,"艾娜说,"别被她牵着鼻子走了。我知道你很在意萝莉,可是有时候你根本就被她玩弄在手掌中。"

"拜托,这个女孩的心情不好,而且还躲在柜子底下。不论她那样做的理由是什么,我都觉得在我们攻击她之前,应该给她时间好好冷静自己。如果我们现在就把她拖出来,只会让她更情绪紧绷而已。"

艾娜耸耸肩:"你的心肠也未免太软了吧。"

我以耸肩回应她。

"就算是你,也不得不承认那是个异常的行为,"艾娜说,"那个孩子的行为一直没有正常过。她绝对是个……该怎么说呢?困扰?就算是你也不得不承认这点吧。"

我疲惫而无奈地点点头。

"看到没?"艾娜转向丹,"你看,就连桃莉都觉得那个孩子疯了。

我真搞不懂他们为什么一意要把她放在这所学校的正常班级里。她无法阅读、不会写字，现在更是个疯子，就连桃莉也同意我的说法，是有人该采取行动的时候了。"

我的机会来了："那么我们暂时就让她留在这里，反正也没有任何地方比这里更适合她了，不是吗？我们就回到各自的工作岗位，让她留在那里面，待会儿我再来找她。"

艾娜再次挥了挥手，转身走到门边："你可以留下她，省得我麻烦。"

丹出去的时候随手把门关上，我跟过去轻轻地把门闩上，然后回头看着柜子，脑海中扫过一丝想法。

"萝？萝？你还好吗？"我再次趴下，瞄着柜子下面，"出来，宝贝，难道你不想出来和我坐在一起吗？现在就剩下我们两人，没有人会伤害你的。"我靠得更近，额头抵着柜子边缘。我可以闻到呕吐物的酸腐味。

没有反应。哭声已经停止，一片安静，一点都感受不到她的生命迹象。我坐了起来，将脸颊贴在膝盖上，感受着牛仔布的粗糙。"萝？拜托，萝，出来。"沉默。我觉得很可怕，不只因为她生气，更因为我一直没有注意到她有这方面的问题。这种行为是种严重问题的特征，长久以来我一直不愿承认萝莉的情绪困扰现象，直到现在才不得不正视。现在就剩我们两个，我的心情很糟糕。

"听着，萝，我现在得起来去做我的工作，其他小朋友待会儿就会回来，但是你可以待在那里，随便你爱待多久，我们不会打扰你，也不会强迫你出来的。我会一直在这里，我不会走开而把你一个人丢在这里的。"

那个早上很快过去了,几个资源学生甚至不知道她在那里。萝莉一动也不动地待在那里。

一如以往,我没有到教师休息室用午餐,而是坐在我的工作桌前,吃起了我的花生三明治。才吃了一半,便看到丹跨进教室,朝着我走过来。"她还在这里吗?"他问。

我点点头。

僵硬的沉默气氛持续了好一会儿。"你打算就让她继续待在那里吗?"他认真地问,丝毫不见挑战的味道。

"我想是吧,该出来的时候她会出来的,"我说,犹豫了一下,我问,"丹,艾娜的教室里到底发生了什么事?"

他摇了摇头:"我不知道,桃莉,我真的不知道。"

"有时候我真觉得她不适合教书,"我说,"她毁了这其中的一部分孩子。"

他疲惫地耸耸肩:"我相信她对萝莉是有些刁难,可是我们又能怎么办呢?她明年就要退休了。"

再次沉默。

"这件事情真的让我很担心,桃莉,"他说,转头看着柜子,"说真的,我在考虑我们是不是该打电话给某人或采取些什么行动。我真的很担心。"

"我也是。"

我们在工作桌的两端互相注视着彼此。终于,丹点点头并转身:"我待会儿再来找你。如果有任何状况随时让我知道。"

"我会的。"

十二点四十分,布首先抵达。我该怎么告诉这几个孩子呢?再看柜子一眼,萝莉依然躲在里面。一如丹,我也担心,甚至不敢承认自己有多么的担心。我们应该怎么办?丹想要找人来帮忙。谁呢?精神治疗中心?难道他们就有办法引诱出躲在我柜子底下的这个小女孩吗?我不禁怀疑。我知道精神治疗中心的人对此也一样没有答案。他们是好人,但没有答案。萝莉的父亲又如何呢?难道他会比我还了解他的女儿发生什么事吗?胡扯。我真的毫无头绪。

汤玛索浑身精力充沛地跳进教室:"嗨,桃。嗨,布。"他绕着工作桌跳着,一边拿出他的作业资料夹。看到克劳蒂亚进来,他跳了过去:"嗨,克劳。"

汤玛索突然停住脚步,转过身:"萝莉在哪里呢?"一整年来,萝莉从未缺过一天课。汤玛索又转个身:"她在哪里?"

"你过来这里坐下,拜托?"我要求着。

"萝莉在哪里?"他还是不放弃。

"这就是我们现在要讨论的事。"

恐惧穿过他的双眼:"她怎么了?生病了吗?"

"很接近。"

那是一场很困难的讨论,因为我不知道该怎么说:"萝莉今天心情很不好,她在她的教室里发生了一些事情,她很生气。"

"可是她在哪里呢?"

我该怎么说呢?怎么说都不对。我双肩垂下,摊着双手放在面前的桌上:"这很难讲,各位。"

他们全都看着我,一张张坦率的脸对照着我的微笑。"我猜她的心情这么的不好,所以需要躲起来一阵子。她早就来了,现在正在美劳柜子的下面。"我说。

闻言,汤玛索和克劳蒂亚同时转头看着柜子。在我来得及阻止之前,汤玛索已经起身朝柜子走去。

"汤姆!"我大喊,"回来坐下。"他没有再往前走。

"我只是想看看她。"

"坐下。现在听好,我不希望你们去打扰她。不要过去,不要瞄下面,不要惹任何麻烦。萝莉的心情不好,我要你们让她一个人静一静。"

"也许她不想要一个人静一静啊。"克劳蒂亚说。

"我想她要的。"

"可是你又怎么知道?"汤玛索插嘴问,"你又不是她。"

我深深地叹了口气,揉了揉眼睛。这一天怎么如此漫长,好似永无尽头。"我知道我不是她,也不知道她需不需要静一静。不过请就相信我这一次,好不好?别再为难我了。"

随着时间一分一秒地过去,三个孩子的情绪也越来越糟。克劳蒂亚的功课做做停停了一阵子后,懊恼地跑过来哭诉她看不懂作业里的问题。任何一件小事情都让她生气。布大声地胡言乱语着。汤玛索,当我逼他做数学题目时,他便发起脾气,那一刻我气得真的很想扭他的脖子。他不愿安分地坐在椅上,起起坐坐,坐坐起起,到处游晃,紧张地来回踱着步。又坐下，又站起，而且数学作业没有一题的答案是正确的。由于担心萝莉的心情因而显得更不耐烦，但又害怕对着汤玛索吼叫，因此我转而对布吼，最后一发不可收拾地吼了每一个人。

下课时间到了。我必须出去透口气。我走到柜前蹲下来告诉萝莉，我们要出去一下，一会儿便回来。她再度呜咽起来，或者，依旧在呜咽，我不知道。她的脸埋在手臂中，旁边有一摊水，我不知道那是呕吐物或尿液或是什么，我再一次地告诉她我们要出去，再次对她保证我们会回来，然后我便转身出去。

最后一刻看她时，我把身子压得更低，她爬到柜子底下已经三个小时了，姿势依然没有改变。艾娜的诊断再准确不过，过去几个月来萝莉努力地隐藏她的心智问题，而现在她再也控制不了，她崩溃了。

我靠在学校的围墙上，看着孩子们在操场嬉戏，心却已飘到十万八千里远的地方。

"桃莉，我可以去上厕所吗？"汤玛索问。他就站在我的身边，而我却不知道他什么时候来的。一撮头发跑到额前，他用力把它甩到旁边。

"去吧。"

我该怎么办呢？万一到了放学时候她还不愿从柜子底下出来，我又该怎么办呢？我可能必须把她拖出来。哦，萝莉。我感到内疚。我应该早看到这样的结果的，只是为什么我就是不愿去面对呢？为什么我会让它继续恶化下去呢？我其实是知道的，毕竟在这个行业这么多年，我不可能蠢到毫无所知的。哦，萝莉，我很抱歉。

冷不防地，布把一颗球丢到我身边的墙壁上，把我拉回真实世界。

看了看手表,下课时间已经快结束了。"汤玛索在哪里呢?"我大声地问着克劳蒂亚。

"我不知道,他进去后就没有再出来过。"

"哦,天啊。帮我看一下布,好不好?我马上就回来。"

我急忙跑进去寻找,同时也担心自己的粗心会导致另一个孩子受到伤害。"汤姆?"我轻声对着男厕所里喊着,"汤玛索?"然后往教室里面找。

他就在那里,盘着腿坐在地板上,身体向前弯,胸部压在两腿上,看起来就像个瑜伽大师。他轻轻地对着美劳柜子下面说话。

一股强烈的愤怒涌上来,我一把抓住他的衣领:"汤玛索,立刻起来!我是认真的。我告诉过你不要去惹她,我可不是说着玩的。你现在就起来,在我发脾气之前回到你的位子上坐好不要动。我去把另外两个小朋友带回来。我说到做到,你最好不要轻举妄动!"

我知道他这一整个下午的情绪都在爆发的边缘,因此我此举也不希望他能够全力对我反击,像我一样把愤怒发泄出来。只是我没想到,他不但没有发脾气,反而哇地一声大哭起来。

"哦,别哭啊,汤姆。"我低声对他说,然后转身去找其他两个孩子。

带着两个孩子回到教室时,汤玛索依然听话地坐在他的位子上。原本已经平息的哭声,一见到我,又哇地哭了出来:"我只是想要安慰她,让她舒服一些,我又没有要伤害她。真的。"

克劳蒂亚此时正站在我旁边:"难道我们都不能和她讲话吗?"

"坐下,你们全部都坐下。"

克劳蒂亚拉出一张椅子，布则直接坐在桌面上。

"现在听着，这时候大家心里都不好受，我自己的心情也很不好，我和你们一样又害怕又担心。我是这么想要帮助萝莉，可是如果你们先把我逼疯的话，我就再也帮不了她了。"

"这样太不民主了。"克劳蒂亚喃喃地念着。

"此刻就是不民主。"

汤玛索哭丧着一张脸："可是她需要我呀！"

我的心融化了，担心让我们一个个地都成了傻瓜。我颓坐在椅子上，用双手掩住脸。终于，我张开手指，从指缝中看着他，他也正噘着嘴看着我。我忍不住地微笑着。

"你这个小傻瓜，你真是我的克星。"

放学之前的二十分钟，汤玛索坐在柜子前面的地板上和萝莉讲话。我听不太清楚他说些什么，有时还微微听到几句西班牙语。

丹·马歇尔顺道过来查看情况。一看到他把头探进门内，我便走了过去，引他到外头的走廊。

"有什么进展吗？"

我摇摇头。

"我想，我们得打电话请她父亲来带她回去，"他说，"这样拖下去也不是办法。"

我的胃不住地往下沉。史乔汉先生是那么一个好人，我实在不愿意在这种情况下把他的女儿交到他手上，然而我们真的无法满足她所需要的。我点点头："我猜是吧。"

"好吧。"丹答道，转身朝办公室的方向走去。

放学钟声响后,我倚着门板,望着教室外的走廊。我不知道丹需要多久的时间才能把史乔汉先生找来,因此我不得不回到教室内,并关上门。

剩下我独自一人了。我走到柜子前,坐了下来,身体弯向前眼睛看着底下。萝莉的姿势一直没有变,底下又湿又热,还有阵阵尿骚味儿。很快地,我走到水槽处,弄了条湿毛巾,然后回到柜子前。

"萝莉?你听到我说话了吗?现在该是出来的时候了。"

她已经不再哭泣,但也没有发出任何声音,没有回答我的话。

"萝?出来啊。快出来,亲爱的。拜托啦?所有的人都走了,现在就剩下我们两个。"

没有声音。

"亲爱的?"

我静静地坐着注视着她。冷冷的大雨正打着窗户,天色也越来越黑了。

"你爸爸待会儿就会来带你回家,甜心。学校已经放学了,该是回家的时候了。"

沉默。

我发现自己正摇晃着身体。我盘着腿,双臂交叉抱在胸前,前前后后有韵律地摇着,接着闭上眼睛。这一天远比我所能理解的还要难熬。我的肌肉不停地颤抖着:"萝莉,萝……莉,萝莉……萝莉,萝莉,"我好似在唱歌,"萝莉。萝莉女孩,你在哪里?萝莉,萝莉,萝莉。"

我开始对她唱起歌来,一边唱一边看着时钟,看着时间一分一秒地过去。想到什么就唱什么，摇篮曲、电视广告歌、民歌等，并把她的名字放到每首歌中，从头到尾我的身体没有停止摇晃，期望借此抚平内心的恐惧。

细微的声音从柜子底下传来。

"萝莉，萝莉，萝莉出来了。"我唱着。

一阵窸窸窣窣后，她的头冒了出来。我继续唱着，她像条蛇一样慢慢地向前挣扎蠕动着身体，直到她的头枕在我的腿上。她深深地叹了口气，身体再次下沉，然后闭上眼睛。

我唱着。她仍然趴着，头枕在我交叉盘起的腿上，双手紧紧抓住我的牛仔裤。她的头发湿透，不知是尿液或呕吐物或汗水弄湿的，她看起来就像个破壳而出的动物。我轻轻地拿起那条已经冰冷的毛巾替她擦脸。我的歌声没有断过，只是此刻听在耳里却像是远处传来的一样。

终于，我的喉咙干得再也唱不下去。沉默又降临我们之间，只是这次不再让人有不舒服的感觉。我抚摸着她的头发、她脸上细软的皮肤。

快四点了。我不知道史乔汉先生何时才会到，到时候我又该对他说些什么。她把头枕在我的腿上后，姿势就没有再变过。她依旧闭着眼睛，抓着我的膝盖的手指已经泛白。

"你还好吗，萝？"我轻声地说，"你还好吗？"

没有回答。

我伸出手将她举了起来，她就那样软趴趴地任我摆布。此刻我的心中涌起浓浓的一股想要保护她的欲望。

"我尿湿裤子了。"她压着我的衬衫低声地说。

"没有关系的,亲爱的。"

外头的大雨已转成降雪,教室内一片阴暗。萝莉开始哭了起来,静静地哭着。

"嘘,嘘,宝贝,"我把脸颊贴着她的,"我爱你,萝,我们会度过这一切的。你等着看好了,我绝对不让任何我们解决不了的事情发生,绝不会让这样的情形再发生。"

她还是静静地哭着。

20

与乔克分手

这一次,我心里清楚——是最后一次。

那天晚上走到停车场取车时,我的脑中早已一片空白,精力也已耗尽。雪依旧不停地下着,厚厚的雪掩盖了路面。虽然还不到五点,天际却暗得和夜晚没有差别。虽然这狂暴的一天早已把我榨干,但每每在熬过艰困的一天后,我的心依然会觉得忐忑不安。一想到要回到漆黑的家,一个人吃着晚餐,我念头一转,便把方向盘一转,往高速公路的方向驶去。

我喜欢开车,喜欢抓着方向盘时那种悸动的感觉。在浓重的降雪中,我漫无目的地往前开,沿着眼前的路一直开往山区,走过无数弯弯曲曲的路。我看了一下手表,已经七点半了,我却丝毫没有饿的感觉,但是头却因为没有吃东西而痛起来。我开进途中的一家餐厅停车场,进去点了一客异常昂贵的圣代。冷雨中的餐厅,我就坐在一张白色野餐桌前吃着圣代。

我的脑袋还是一片空白，只是以一种抽象的方式看着今天发生的一切事情，好似那是发生在别人身上一样。我回到车上，开车回家。

"你跑到哪里去了？"乔克站在车库和厨房间的车道上大叫着。

"开车兜风。"

"开车兜风？搞什么东西啊？你知道今天晚上是什么日子吗？你的脑袋里到底在想什么？"

"乔克，冷静一点，好不好？"

"冷静？你知道今晚是什么日子吗？今天是凯萝和杰利的结婚周年纪念，我们早该在两个小时前就到他们家的。"

哦，我的天啊。我用力关上车门，怀着一脸歉意的微笑走向屋子："哦，抱歉。"

"哦，抱歉？"

"够了，乔克，你一定要重复我说过的话吗？"

"哦，抱歉？就这样，哦，抱歉？坦白说，桃莉，凯萝还特地为我们准备了丰盛的晚餐，结果你却跑得不见人影，足足失踪了四个半小时，然后就只有一句'哦，抱歉'？"

"看在老天的份儿上，乔克，你可不可以放过我？天啊！"

我们一路吵到厨房，我甚至连外套都还没脱下，乔克步子沉重地走到客厅，我跟在他的后面。

"你想要知道怎么回事吗？好，我告诉你，这一整天我简直活在地狱里。我的班级四分五裂了，我的一个孩子完了。其实我早就该看到这个结果的，但就是不愿意去接受。我必须出去透透气。我想，你也不会希望我情绪恶劣地去参加宴会吧。"

"哦,别再找借口了,你对那份工作根本没有那么重要。"

我瞪着他。

乔克眯起眼睛,注视着我好久:"你知道你的问题是什么吗?你活在你的梦里,你的所有生命都活在梦想里而非现实里。那只是梦境,却会把真实生活搞得一团糟。"

"总得有人那样活着吧,乔克。"

"没错,而且那个人可能就是你。但是,我可不想让我的下半辈子和一群毫无希望的疯子一起度过。也许你愿意这样过一辈子,但是我不要。"他走到衣柜前抓出他的外套,动作粗鲁地穿上,"我只希望你的梦想能够温暖你,因为你的这种生活方式,是没有任何东西可以让你感到温暖的。唯一能陪伴你的,只有你满脑子的梦想。"

然后他离开了。

我呆立在客厅的中央,傻傻地瞪着紧闭着的门。除了心跳之外,我什么都感觉不到。我们以前也吵架,而且经常吵,但是这次不一样。

这一次,我心里清楚——是最后一次。

21

萝莉不来上课了

> 问题是,因为她的无能肉眼无法看到,所以我们可以把一切的过错推到她身上,我们可以毫无内疚地坐在这里,扮演着专家的行为:玩弄上帝。

翌日萝莉没有来学校。我想我早就猜到会是这种结果了,但是我内心还是抱着一丝希望,希望这件事不会以噩梦收场。只是,已经十二点四十分了,还是不见萝莉的身影。

孩子们都受到了影响。萝莉的缺席让布感到不解,不时地从椅子上站起来张望着外面。看到教室外面的走廊上空无一人时,他便在教室内到处寻找着,他那又小又黑的脸因为困惑而皱着。

"现在,这个字母是什么?这个字母是什么?"他一面寻着,一面不停地重复着这句话。我第一次想到那句话是我用来指导萝莉的。真的很讽刺,就连布都记得萝莉有识字上的问题。

汤玛索很害怕:"她在哪里?她发生什么事了?为什么她没有在这

里？"他连珠炮似地问，而我无法给他满意的答案。整个下午，他都紧跟在我的身边，坐在我的身边，就连下课时也不例外。

似乎只有克劳蒂亚还保持着镇定与正常。的确，她变成了我的支援，在我离不开汤玛索的时候，她主动去照顾布。她收拾作业资料夹，把它们发下去，然后再收回来，并检查汤玛索的数学作业。

下课时间结束，大家也都做完功课后，我建议大家到阅读区坐下来，由我为大家朗读。当大家纷纷坐下时，汤玛索拿起萝莉习惯使用的枕头，将它推到一旁。布突然跳了起来："啊！啊！啊！"他对汤玛索尖叫着，然后抓起枕头往门口冲去，"啊！啊！啊！"他边叫边捶着玻璃，"这个字母是什么？这个字母是什么？啊！啊！啊啊啊啊！"他转过头来看着我们，脸颊上满是泪水。我第一次看到他哭成这个样子。"哈喽，小男孩，"他拉高音调说，"哈喽，小男孩。你是个很棒的男孩，布。你真的是个很棒的男孩。"他又在自言自语。

"你在担心萝莉吗，布？"我问。我试着向他保证萝莉很好，但他根本听不进我的话。

接着，布跑到他自己的小柜子，打开柜子，一双手飞快地在里头翻寻着。然后，他找到了，高举着他所寻获的东西，那是萝莉情人节时为他做的图画本。布拿着它跑回桌前。

他的神情机警，完全不似我们先前认识的那个神情游移的小男孩。泪水依旧簌簌地流下他的脸颊，只是不再听到哭泣声。然后他动作精确地翻着那一大本图画本。

"狗狗。"他坚定地说，并抬起头看着我们。他离开桌旁，走向坐在阅读区的我，把我的手拉到图片上。"狗狗，狗狗，这个字母是什么?"他问。

翻到下一页。"猫咪。这个字母是什么?猫咪。"他抬头看着我,然后又低头一页一页翻着。

这一切难道都是因为萝莉?我不知道。或许是吧。也或许是过多的压力冲击到他大脑里的一些神经键。虽然教了他这么长一段时间,但我真的不知道。

克劳蒂亚和汤玛索出神地坐在椅子上沉默不语。见到我对他的问题没有回应,布转而朝克劳蒂亚走去。我原以为他要把克劳蒂亚也拖进这场问答中,可是他拉了拉她的手臂后,手却停在半空中。他看着她,瞪着她,好像那是第一次他认真地看她。他站直身子,就像个美发师一样,轻轻地摸着她脸颊两侧的头发。他皱着前额,研究着她。他再次地摸摸她的脸、她的头发。"这个字母是什么?"他问。

然后他转身回到我的桌前,拿起他那本图画本,从头到尾翻了一次,然后用力将它摔到地上,俯身趴在桌面上,摊开双手,一个个地看着我们。在那双眼睛的背后是一个真正的小男孩,正看着我们。我不禁心急地想要知道他心中有何打算。布环视着教室。缓缓地,好似心意已决般,他走向摇椅。他伸出手,摇动摇椅。然后在我意会出他打算做什么之前,他已经脱掉身上所有衣服。我瞠目结舌,他已经好几个月未曾做过这种事了。但是,这次有些不一样,没有傻笑,没有狂奔,只是直直地站在那儿脱掉衣服。脱到一丝不挂后,他爬上摇椅,开始摇动椅子。

"他在做什么?"克劳蒂亚低声问。

"我不知道。"

"宾……宾……果。"他清楚地低吟着,"宾……宾……果,它的名字就叫作宾果。"他看着我们。当看到我时,他微微笑着,一个非常柔和的天使般的笑容。他举起一只手轻轻地挥着:"宾……宾……果,宾……宾……果,它的名字就叫作宾果。"

我真的不知道该做何反应。

但是布为我解决了这个困境。虽然他继续唱着歌,但也高举一只手对着上头的灯光弹手指。歌声渐息,他的注意力全转到他手指的动作。我已经等候太久了。显然布的心思早就不和我们在一起了。

事发后的第二天萝莉依然缺席。虽然前一晚我试着打电话给她父亲,但一直没有联络上,丹也试着联络。所有的教职员都绝口不提萝莉,就算艾娜和我在走廊或教师休息室中碰见,所说的也都是些言不及义的话,刻意避免提及萝莉。只有丹例外,每回碰到我便谈及萝莉。我不知道我们在等些什么。答案吧,我猜。

我认出了她,至少我觉得我是。有如在梦中一样,她笔直地出现在我的视线中,一语不发地跨进教室,朝着我的工作桌走来,走到桌角的时候突然停下脚步,从头到脚地打量着我:"我叫莉比,萝莉的姐姐。"

她们两人是双胞胎,档案上是这么说的。我无法把她当成萝莉的姐姐,因为她看起来和萝莉没有什么差别。不过,她看起来却有着肩负重任的姐姐模样。

"我能为你效劳吗,莉比?"

"我是来拿我妹妹的家庭作业的。"

"哦,"我们注视着彼此,"你妹妹还好吗?"

"她不会来上课了。"

"明天呢?"

"永远。"

"哦?"我说。

莉比点点头。

"是谁决定让她不再来上课的?"

"她自己。"

"我明白了。"

"我爹地要我来帮她拿家庭作业。"她偏了偏头,把额际的头发甩到两旁,"你没有那么漂亮嘛,"她说,"我妹妹还说你很漂亮。"

星期四,在萝莉缺席了三天后,史乔汉先生出现在学校里。"我不知道我该拿她怎么办,"趁着等候丹和艾娜之际,他告诉我,"我真的不知道。她看都不看一眼莉比帮她带回家的功课。她拿回来上课这件事情吓自己,把自己吓出病来了。我明知道让她留在家里是错误的决定,但是我又能怎么办呢?"

那是一场残忍的会议。一开始丹便提议萝莉也许需要一连串的精神治疗介入,类似住院评估之类的。问题是,我们这个社区并没有这类的设备,而最近的一家医学院就是萝莉当初动手术的地方。我们不断讨论着各种可能性,但都觉得不太合适。

谈到萝莉崩溃前的校内行为，艾娜有如魔鬼附身一般地直指萝莉的各项问题：她无法做功课、打扰上课、多动，还有数不完的缺点。她把萝莉讲得很坏，远比我所知道的还要坏。

我不知该说些什么。艾娜的指控绝非完全空穴来风，萝莉在她的班上的确不易相处。无可否认地，她在许多方面的行为都明显倾向失调孩子的症状。她需要帮助，但那并不是真正问题所在。我们认为我们到底在这里干什么呢？我们真能说服自己发生在萝莉身上的一切事情都是她咎由自取？我们真的就那么盲目吗？

其实不是萝莉，而是我们，丹、我、艾娜、整个愚蠢的教育制度。该负责任的是我们，而不是萝莉。难道调适不良就该放弃？当你的身体无法做某些事，或是必须努力好几年才能做到某些事时，难道只因为你无法承受再多的压力，你就是个疯子吗？如果萝莉有明显的肢体残障，我们会很清楚该用什么态度对待她，问题是，因为她的无能肉眼无法看到，所以我们可以把一切的过错推到她身上，我们可以毫无内疚地坐在这里，扮演着专家的行为：玩弄上帝。

我觉得非常不舒服。如果这个孩子是另一个孩子而非萝莉，或许我不会如此困扰，可是萝莉，萝莉，我的守护者，她已经成功学习了无数人性光辉的目标。在许多方面我并不是一个有勇气的人，虽然我一直希望我是。我希望我能够当场把心中的想法讲出来，至少希望自己有勇气站起来转身离开，不再和这些人继续无意义地搅和下去。可是我的嘴巴没有张开，我的双腿没有移动，心想着下次一定还有机会表达。就这样，丹和艾娜继续讨论着，我却像个懦夫一样坐在那儿，一动也不动。

史乔汉先生也沉默不语,每听到艾娜陈述她的指控时,他便无语地点点头,从不反驳或表示意见。然后艾娜说,她觉得萝莉是个严重失调的孩子,不适合放在正常班,应该另找其他地方安置。

史乔汉先生垂下头,一手托着脸颊。意识到他的眼泪快掉下来,反而让我清醒过来,起身抓过放在窗户旁的一盒面纸。

"抱歉,抱歉,"他不停地为自己的掉眼泪而道歉,"我只是一时方寸大乱,不知该怎么办。"

"没有关系的,"丹说,"我知道讨论这种事情一定让你很难过。"

我静静地坐着,感觉到史乔汉先生的困窘。我急着想要表达些什么,但舌头就是不听指挥。等到史乔汉先生的情绪平抚下来后,会议继续进行。丹表示,不论我们对萝莉的未来做出什么决定,目前她都必须回到学校上课,否则她的档案里又得加上一条恐惧上学的记录。

会议结束后,我要求史乔汉先生留下来。我冲了两杯即溶热巧克力,邀他坐下。我们没有什么交谈。我本想问他萝莉好不好,本想问他是否已经查出那天萝莉跑出艾娜教室的原因,本想向他保证我相信萝莉没有艾娜说的那么坏,但我就是开不了口,只能言不及义地聊些无关痛痒的事情。我看得出来他还是很伤心,既然不知该如何安慰他,索性也就不去安慰。

"听着,"我终于说,"总会有办法解决的,我们会想出法子的。"

"真的吗?"

"我想可以的。不过丹至少说对一件事,我们必须让她回学校上课。如果她不回来上课,那就更没有人帮得了她了。她越逗留在家中,便越难回到学校上课。"

他耸耸肩,注视着空空的杯子。"可是我不知道我是不是做得到。"他说。

"我们一定得做到。"

他点点头:"好吧,我试试看。"

不过,当然星期五到了,萝莉的身影还是没有出现在校园里。

莉比的仇恨

> 我注视着这个孩子,她年纪还这么小就懂得什么叫作恨。

莉比一如往常地在星期一下午来帮萝莉拿家庭作业。其实,她第一次出现的时候,我便已向她表明萝莉不再有家庭作业,但她根本没听进去,每天下午依然出现。

那件意外发生已经一个星期了,虽然萝莉依然缺席,但我的下午班级已大致恢复正常。

莉比推开门,越过教室,朝我的工作桌走来。已经快四点十五分了,她比以往晚了些,我起先还以为她终于明白我的意思,不再来了呢。不过,显然她刚刚回家换了便服才过来的。

"我来拿我妹妹的家庭作业。"

我微笑着:"我还是没有派作业给她。"

莉比专注地凝视着我。她伸手挥开前额的刘海,推了推眼镜,然后看着我。

"萝莉好吗?"

"还好。"

"我们都很想念她,她明天会不会回来学校上课?"

"不会。"

"不会?"

"我以前告诉过你了,她永远不会回来。"

我们看着彼此:"永不?这下我们可要等她等很久了。"

莉比没有回答。她是最奇怪的一个孩子,她的出现令我觉得颇不寻常。她继续以她以往的方式检视着我,她有办法眼睛眨都不眨一下地注视对方。

显然她没有离开的意愿,于是我用脚推出一张椅子给她坐。她也真的坐了下来。

"告诉我,莉比,你喜欢做哪些事情?"我问,意欲打破沉默气氛。

"玩。"

"哦?玩什么样的东西?"

"娃娃。"

"嗯,听起来好像很有趣。你有特别的娃娃吗?"

"有。"

"你的娃娃叫什么名字?"

"没有名字。"

"我猜就叫'宝贝',对不对?我都是那样叫娃娃的。"

"我什么都没叫,它就是一个娃娃而已。"

"哦。"

很棒的一段对话。若非我以前听过她讲话的话，我还真会以为她不会讲多音节的字。我抬起头，看到她的眼神正研究着我。她如此的沉默，如此的沉着冷静，如此的不同于萝莉。

她似乎很满足于坐在那里静静地看着我埋首工作。在那一小段对话后，我决定继续工作，不再交谈，希望这样的举动能促使她离开。

她没有离开。

我抬起头，和她交换一个又长又赞赏的眼神。我合上工作日志，往后靠在椅子上。"莉比，"我说，"我需要知道一些事情，也许你可以帮我。"

她还是目不转睛地注视着我。

"你知道上星期萝莉在索森太太的教室里到底发生什么事吗？"

"她不会再回到学校上课了。"

"是的，这个我知道。可是你知道原因吗？"

"知道。"

"你愿意告诉我吗？"

没有回答。

"我真的需要知道，莉比。不知道她那天发生什么事，我就无法帮助她。问题是，她不愿对任何人讲。"

"萝莉从不会把秘密告诉任何人的。我，我也不会。"

"可是她告诉你呀。"

"那不一样，我们是双胞胎，我们会把所有发生在我们身上的事情告诉对方。"

"莉比,只有你是不够的,萝莉需要更多的帮助,而且她也需要从这次意外中学习成长。"

"我和萝莉,我们两人才是彼此真正的家人。就算是爹地,他也只是养父。"

我微笑着:"是的,我知道。我已经知道很多事情,但我需要知道更多。"

莉比首次露出犹豫的眼神。她别开头去,看着布告栏:"你知道我曾经做过什么事吗?"

"什么?"

"我对她吐口水。"

"对谁?萝莉吗?"

"对那个老女人。我对她吐口水,就在下课的时候。我跟她说我要去上厕所,但我没有去厕所,我跑到她的小房间,在她的桌子上吐口水。"

"那个老女人又是谁?"

"索森太太。"

"嗯嗯嗯。"

沉默好一阵子后,莉比刻意倾身向前,将双臂放在桌子上:"我告诉你她对萝莉做了什么。"她那张小小的脸贴近我的面前,我第一次在她的眼中看到她妹妹的影子。"她强迫她阅读。她叫萝莉站起来,当着全班同学的面读课文,连全一年级阅读能力最好的罗比·强森都在看着她。她要她读厚厚的书,里头的单词和我读的一样难。萝莉当然是看不懂喽,而且全班都在笑她。他们以前是不会嘲笑萝莉的,可是现在他们会。于是那个老女人就给她越来越简单的书读,而且还不断地告诉她,她不识字所造成的后果。最后,就算有些简单得萝莉看得懂的书,她也因为太害怕而读错。大家嘲笑她,她难过地哭了起来。但是索森太太就是不让她坐下来,她说她要好好地教训萝莉,所以萝莉就吐了。她竟然害萝莉在全班同学面前吐,甚至没有对萝莉说声抱歉。"

"事情真的是这样吗?"我问。

"我发誓,如果有半句假话,我会不得好死!你可以去问她班上的每一个人,他们会告诉你的。"

莉比的眼中充满怒火,小小的嘴巴倔强地说:"我恨她。总有一天我要对着她的脸吐口水。我说到做到,真的。"她继续说着,"萝莉不是笨蛋,她和大家一样聪明,她只是没办法阅读,因为她曾经受过伤。"

我点点头:"我知道。"

莉比靠回椅子上,稍稍地从这场严肃的对话中放松下来:"萝莉永远不会回来了。我也不觉得她一定得回来。"

"呃,关于这点,我的看法就和你不同了。我觉得她必须回来,但我们得为她做一些改变。"

"没错,最好有人不小心开车把索森太太辗过。"

我注视着这个孩子,她年纪还这么小就懂得什么叫作恨。

我们又谈了一会儿,话题不再那么严肃,最后莉比又回到先前单字回答问题的状态。时间已快四点半,我想要回家,但课程规划还没有做完,于是我打开规划本,埋首工作了起来。莉比注视着。

"我得把这些做完,"我解释,"所以没空聊天了。"

"没有关系。"她依然无意离开。

"你出来这么久,难道你父亲不会担心吗?"

"不会。我爸还没有回家,而且我告诉保姆,我要去上芭蕾课。"

"哦?"

"是的,我把我的舞衣穿在这下面,看到没?"她解开她身上的衣服让我看。

"我不是不欢迎你留在这里,只是现在有点晚了,我必须在回家之前把事情做完。"

她微笑着:"没关系的,我不介意。"

我继续埋首手边的工作。莉比,还是静静地坐在那儿,看着我。

四点四十五分,我合上规划本,拿着它走到我的桌前。转身之前,我犹豫了片刻:"该回家了,莉比。"

她依然坐着。她背对着我,一只手正卷着她的头发,丝毫没有起身的意图。

"莉比?该回家了,甜心。"

她转过身,不为所动地凝视着我,同时卷着头发。她的双眉轻锁,好似我说的是外国语,而她听不懂我在说些什么似的。我走到衣柜取出外套。

"老师?"

"什么事?"

"她会一直都是这个样子吗?"

"你指的是什么,莉比?"我拿着外套走回桌前。第一次我注意到她的模样有多么稚嫩。

"萝莉会永远都是这个样子吗?我的意思是说,"莉比欲言又止。我觉得我听到她声音背后的泪水,不过我看得出来,她是个不轻易落泪的孩子。她清了清喉咙:"我是说,萝莉真的很糟糕,有时候我觉得远比人们知道的还要糟糕。她根本什么事情都没办法做,就连童书里面的字,那些我两年前就看得懂的字,她还是看不懂。她甚至不会写自己的名字,连鞋带也不会绑,真的很糟糕。"

她的这番话听得我心很疼,让我的呼吸不顺。我不禁想,对一个未满八岁的孩子来说,这样的担心是否太沉重了。

我把外套放在桌上,又坐了下来。莉比低垂着头,检视着她的手。在教室明亮的灯光下,我看到她微颤的身体。

在不顾一切地为萝莉辩护后,她一定提起相当的勇气才能够问这样的问题。显然,即使是莉比也不免怀疑这一切会是真的。

我无言以对。见我不回答,莉比站了起来,脸上露着焦虑。也许她把我的沉默视为默认,我担心她会转身跑走。

"莉比,别走。陪我坐着,亲爱的。"我伸出手想要摸她。

她僵硬地站在距我手指半步之遥的地方:"可是她会一直那样吗,老师?"

我摇摇头:"不,她不会。"我起身抱住浑身颤抖的她,将她拉了回来。我一手搂着她的肩,再次坐回一张小椅子上。"我想,你很清楚她的问题,也许比我们任何人都清楚,因为你们两人打从出生后便一直在一起。她的脑部是受过伤,可是那并不是智障。是她大脑里的某一个伤口让她无法像你我这样轻易地学习或了解事情。但是医生们说,也许有一天她会看得懂字的。也许无法做到像你这么好,但当她慢慢长大时,她的大脑会学会新的做事情方法,也许有一天她真的会。"

莉比垂垮着双肩,轻轻地靠着我,我可以轻微地感觉到她的重量。她抬起一只手搓了搓鼻子,似乎觉得我有些言不及义。

"可是萝莉没有智障,莉比。在这方面,你是她的最佳辩护人选,因为萝莉的心智完全没有问题。你看她在其他方面表现得那么棒,像数学,她根本不用抄下题目,只要看一眼答案就出来了。更重要的是,看看萝莉待人有多么的仁慈亲切。我们班上有一个小男孩,几乎无法说话,但萝莉却特别照顾他。她比我所认识的所有人都更了解人性,她懂得读人心,而我只懂得读书,这是学校永远无法教的东西。"

冗长沉重的沉默。莉比缓缓地、深深地吸口气,我环绕在她肩上的手,此时把她搂得更紧。

"为什么事情会发生在她身上呢?为什么我就没事?"

"没有人能够解释那些事情的,亲爱的。我们也只能猜测而已。"

"我爹地说她的头破了,他说他们照的那些照片上可以看到。"

我点点头:"我也听说了。"

莉比还是低着头,眯着眼睛好似正研究着地板上的某个东西。她的手轻盈得有如呼吸,轻轻地搭在我的肩上,使我几乎感觉不到它的存在。"我知道那是怎么发生的。"她平淡地说,"我爸爸,我真的爸爸,他常打萝莉。我妈妈也打我们,可是我爸爸最会打我们,当我们不乖的时候他就打我们。"她停了停,"我猜,我们真的很坏。可是他更常打萝莉,有时候会把她打得躺在地上再也哭不出来,不论我怎么用力地摇她都一样。"

她放下手,用手指摸着她的另一只手臂:"有一次我爸打断我的手,我妈妈就用枕头套把我的手包起来，可是实在太痛了，我忍不住地哭了起来，哭到停不下来，所以她不得不带我去看医生。我爸警告我不可以告诉他们我的手是怎么断的，我最好告诉他们我是从楼梯上跌下来的。可是我们家根本没有楼梯，他却那样告诉我，所以我就照他的话说。还有一次，他把我绑在床上。"她摇摇头，疲惫地叹了口气，"那时我好害怕。"

莉比看着我："你知道吗？每次当我梦到旧家都会吓醒，有时候甚至会吓哭。我一直很害怕他们会找到我住的地方，把我带回去。"她咬着下唇，"有时候，白天的时候，我会有点想他们。你知道的，我会在小画纸上画他们，不过不是在晚上。每次被那些梦吓醒后，我就再也睡不着，然后我会头痛，肚子觉得很不舒服，很想吐。这时爹地会来我的房间，坐在我旁边陪我。"她停了停，"我不知道萝莉是否还记得那些事，她从没有告诉过我。"

"你心里很清楚的，对不对？梦中那些事情永远都不会发生，"我说，"你爹地永远不会让别人从他身边带走你们的，他爱你们。现在你们是他的心肝宝贝，他才不舍得放你们走。不管你们做了什么，或发生任何事，那些事情永远不会发生。你一定得把这些话告诉萝莉。"

她点点头："其实我都知道。有时候我很清楚……可是有时候，呃，就是会忘记。"

她盯着我的脸。"我打赌一定是我爸做的，"她说，"我打赌一定是他打坏了萝莉，所以她才没办法看懂字。"

"那些事情我们就无法知道了，而且永远也不会知道。"

"我知道。"她不带情绪地说，"等我长大后，我要去找他。我要去找一把大刀子，找到他之后，把刀子插在他的肚子上。我要杀了他。我会的，你等着看好了。我要替萝莉和我自己报仇，谁都阻止不了我的。"

对此我无言以对。她才七岁多大，毁灭和虐待已经占据她整个心，还有仇恨。

我静静地坐着。然后莉比抬头："我得走了。我的芭蕾课在五点结束。消失太久会有麻烦的。"

"我可以送你回家吗？"

她摇摇头，转身离去："我喜欢走路。"

"好吧，"我穿上外套，看着莉比正朝着门口走去，"莉比？"

她停下脚步回头。

"再见。"

她淡淡地耸了耸肩，嘴角似乎还闪过轻微的微笑："再见。"

23

萝莉的美

> 在这个世界上，我们是这么地需要别人的关心。识字、懂阅读的人比比皆是，但是懂得去关心别人的人却没有几个。

回到家时，房子又黑又冷。每晚我总是抱着一丝的希望，希望乔克在家中等我。但每晚，迎接我的总是空荡荡的屋子。

他已经离开一个星期了，没有电话，没有字条，什么都没有，甚至没有回来拿走他的东西。我让一切保持原封不动，就连照片都没有拿下来，无非是还抱着一丝希望。

我恭喜自己平静地面对他的离去，没有哭泣，没有沮丧，没有报复的电话。他已经出走了，一切都已经结束了，一如我一直所预料的。我恭喜自己依然能够保持理智与尊严，体谅并接受这样的结果。

可是我知道我并没有走出抑郁。我无法封锁他所留下的空虚，不知道该如何自处。学校的工作几乎已耗尽我所有精神，不论吃饭、睡觉或做梦，都存在萝莉的影子。由于没办法在家驱散我的思绪，因此我像鬼魂般到处走着,却没有什么东西可以降低那无尽的烦乱思绪。

此外,我也发现我的社交生活已被乔克一手包办。我的世界原本就只有一小圈朋友以及学校同事,但自从开始和他交往后,那些亲密好友一一地疏离了,此时此刻,我就只能孤单地排解自己的情绪。

那个周末,比莉(学校的心理医师)把我从孤独中解救出来。她邀我到她家共进晚餐,顺便给我上了一课求生课程。她说:"哦,你就像刚离婚时的我一样,直到那一刻才知道自己没有朋友。其实,也不尽然啦。那是……呃,我不知道,我猜我们就是没有共同的朋友。我和他的朋友只是点头之交,他们有他们小团体的欢乐模式。"她把一块肉丢到锅里炖,"别担心,亲爱的。男人嘛,谁需要他们呢?"

呃,这套理论不适用于我。

我必须承认,那段时期真的很难熬。生活上,我是个需要伴的人。乔克至少说对了一件事情:我是个不够温暖的人,我太需要人们的陪伴。而这当然又带出一个我的家人经常问我的问题:为何不结婚?到底为什么,我抓起沙发上一个枕头朝墙丢去。为什么人生就不能有轻松简单一点的答案呢?

我们该怎么处理萝莉的问题呢?莉比所描述的事件过程与我的猜测相去不远。我太了解艾娜了,而我也很清楚萝莉。

艾娜不愿承认错误,认为她的行为并无不当之处。不幸的是,我们对她无计可施,她是一匹经验丰富的老战马,教育当局绝对会一路站在她那一边护着她,如果没有意外的话,教完这一年她便可光荣退休,当局势必会力挺她教完这一年的。再者,挑战她对萝莉的不人道对待，必当引起那个班上所有小朋友的胡思乱想。针对此事，我曾尽可能以委婉的方式和她讨论过一两次，但都徒劳无功，反而让我有越来越不好的感觉。

不继续追究这个问题的原因，除了苦思不出对策外，也因为我个人的缺乏勇气，再加上艾娜对我的威胁，使得问题变得越来越复杂。我之所以提不起力气追究，肤浅的原因是我讨厌吵架，我不喜欢人们对我发脾气，有时候为了求得和平，我会对他们使出怀柔政策；深层的原因是我不是很了解她。艾娜和我的思想南辕北辙，对我的看法根本就视而不见，我的教育信念对她根本毫无意义，然而我却知道我有些认同她的看法。我的年纪和我的缺乏经验让我的看法不具说服力。我怎么确定我的看法一定是对的呢？如果这一路走来我曾学到了什么的话，那就是我知道自己有待学习的地方还很多。我犯错的几率还是很高，面对她，我相形见绌。她对自己的看法是那么的有信心，而我对自己却有那么多的怀疑，因此我们每回的对峙总是得到相同的结果，在她面前我觉得自己像个小女孩。

由于无法面对艾娜，于是我转而对丹下手。

"我们才是这件事情中真正有问题的人，丹。我不希望我们所犯的错误，却要她扛上一辈子的污名。"

丹站在他的桌旁，一手扶着后颈，像个肌肉僵硬的人般地左右转着脖子。

"我不断地自问，我们真正的教育目标是什么？就为了教会学生识字、写字和做数学吗？抑或是提供学生们创造性的工具，让他们来日帮助我们解决世界上的混乱问题呢？"

丹摇摇头："别太浪漫了。"

我们互相注视着彼此。

他再次摇了摇头："我们的任务是教学，桃莉。阅读、写字、数学或其他任何技巧都包括在课程内，那就是让人们知识更丰富的方法。学习是没有捷径的。"

我没有回答，不知道该如何回答。

"听着，桃莉，艾娜对萝莉所做的事情绝非我所期待的仁慈，可是生活就是这样，萝莉的不寻常也非艾娜所期待的。如果萝莉在一年级的时候无法突破这层压力，那么未来她必须有心理方面的协助，才能通过整个教育制度的要求。"

"那么也许我们得改变制度。"

"为了一个小孩？我真的能够体会你对此的感受，相信我，我真的能体会。但是这是一所学校，我们在这里的唯一任务是教学。如果有个孩子无法适应这个体系，我也同感难过，但是这个世界就是这么一回事。"

"丹，任何制度本身都不是那么重要，当你开始为了让制度得以贯彻而牺牲人们时，那么制度就是有问题。"

他无力地点点头："是呀，谁知道。也许真的是某个地方出了问题。"

其实我们依然不知道在萝莉回到学校后该如何解决她的问题，我们只知道，必须让她离开艾娜的班级。问题是，能把她安排到哪里呢？唯一全天性的特殊教育班是贝姬·凯利的班级，主要的对象是智障孩子。萝莉，不论她的问题是什么，都还不至于要被安排到那个班级。另一个可能就是把她安插到其他一年级的班级中，也就是莉比就读的那个班级，但是那个班级的导师是个新手，恐怕没有能力应付萝莉这样的孩子。

最后我自告奋勇地提议，让萝莉全天候待在我的班上。虽然她的名册还是挂在艾娜的班上，但除了音乐、特殊教育、艺术和社会科外，其他时候都将和我在一起。早上我会让她和其他的资源学生一起上课，下午则继续往常的课程。虽然我认为这并不是一个理想的解决之道，但我们希望借此能减轻萝莉的压力，让她的学习可以更专注。

星期二，萝莉还是没有出现。我利用午餐时间到办公室打电话给上班中的史乔汉先生。他感到很抱歉，但他实在无法强迫萝莉回到学校上课。一股冷冷的感觉紧缩着我的胃。是到了该采取行动的时候了，一直以来我们都处于被动的状态，我对他说，我们不能再让萝莉如此任性下去，否则就得请外面的助力让她回到学校。史乔汉先生说，他已经为萝莉预约了当地一位心理医师，下个星期她就要去见他了。不，我说，那还不够，现在，萝莉必须回到学校。这对他已不是新闻，因为心理医师也如此告诉过他。我可以过去吗？我问。他同意。我们约定当晚七点三十分碰面。

我的时候到了。在开车前往史乔汉家的路程中，我想了很多。现在是我对自己下定决心的时候了，现在正是时候。我知道，如果我向她提出保证的话，那么在面对其他人时，我就再也不会退缩。

史乔汉先生站在大门口迎接我。当我进入屋内时，莉比就在客厅，她刚洗了头，正用毛巾擦着头发。见到我，她停下擦头发的动作，直直地盯着我看。我原想对她说哈喽，但一时的害羞竟让我说不出口，只能微笑以对。莉比并没有回应我的微笑。此时想想，才记起很少见到她笑。

史乔汉先生领我到萝莉的房间。门是开着的，但我有些害羞，不好意思跨进去。我该说些什么呢？我站在门外犹豫着，听到自己的心跳声。一旁的莉比正倚着墙壁，看着我们。我对史乔汉先生报以一个假自信的微笑，然后走了进去。

萝莉就坐在她的床上凝视着我，脸上没有微笑，甚至连一丝丝的善意表情都没有。微暗的灯光下，我们之间有如隔着巨大的沙漠。

"嗨。"我说。

没有回答。我见到她深深地呼吸着。

"萝莉，哈喽。"

"嗨，桃莉。"

我放弃门口的安全，走了过去："我想念你，萝。我必须过来看看你。我们都很想念你。"

她还是没有回答，只是用那双黑而深邃的眼睛盯着我，没有给我和她亲密的机会。

"我可以坐在你旁边吗？"我问。

她点点头。我把乱成一堆的被子往后推，在她旁边坐了下来。她微微地往旁边移动，以免碰触到我。

"萝，我们要你回到学校上课。"

她扭过头，狠狠地瞪着我的脸。我的皮肤起了轻微的颤抖，我知道我看到了莉比的眼睛、莉比的恨。

"我永远不回去。"

"我知道你的感觉。"

"我有那种感觉，是因为那是真的，那就是原因。我永远都不回去。"

"可是我想念你啊，萝莉。布想念你，还有汤姆，克劳蒂亚也是。我们都需要你，萝。没有了你，那个班级就不再是个好班级了。"

"我不在乎。"

我们到底对你做了什么呀？想哭的冲动逼得我把头别开。窗外的水仙花摇曳，轻触着窗户上的玻璃，大多数都已凋零，只剩一朵依旧鲜艳。再回头时，萝莉正低垂着头，无意识地玩弄着床沿上的床单。

"萝？"

"嗯。"她低着头回答。

"我们对待你的那种方式错了，甚至让你觉得阅读是那么重要的事情也是错的，它其实没有那么重要。"

"它当然很重要。"她的声音半高昂半低吟，还混着生气，好似我一直在取笑她似的。

"不，那不重要，都是我们的错才会导致你有这样的想法。那是不对的。"

"那当然很重要，"她又说，并抬头看着我，"她害我被其他小朋友嘲笑，她害我吐，就在大家的面前。不管谁说什么，我就是不回去那个地方。如果你们逼我回去的话，我会逃跑的。就算是你也一样。"

"萝，听我说，拜托？"

"不要！你走开。我不回去，而且我也不要你在这里。走开，让我一个人静一静。"

"萝莉。"

"你没有听到我的话吗？"泪水凝聚在她的眼眶中，"你到底是怎么搞的？走开，我不要看到你。"语毕，转身把头埋进枕头里，头发散在枕头的两侧。

我坐在床沿，看着她，心中的无助非语言所能形容。

"萝莉？"我抚摸着她的背。

"出去！"她再次说道。

我的手缩回到我的腿上，转过头，看到莉比就站在房门口。她只穿着内裤，把睡衣抱在胸前。她的头发还未干，不过已经梳理整齐了。我们交换了一个无语又冗长的眼神，我无法看穿她内心的感觉。然后她转身离去。

我伸过手轻轻地摸着萝莉的背。一开始，她扭着身体想要摆脱我的碰触，但在我的坚持下，她慢慢放松下来，但头依然埋在枕头里。

"萝莉？"好一会儿后我说，"你愿意和我坐在一起吗？拜托？"

费了好大一番工夫她才坐了起来，坐在我的旁边。残存的自尊让她保持与我对峙的姿态，我也不敢过于亲昵的碰触她，只敢把手压在她身后的床上。

"萝，萝，萝，我们到底对你做了什么呀？"

她注视着她的手指。

"对不起。"我说。

她抬起头看着我："为了什么？"

"为了我们让你相信那些不重要的事情是很重要的。很多事情我们都错了，萝莉。有时候，当人们活在一个小世界中时，一些微不足道的小事情便开始看起来很重要，其实它们根本一点都不重要。我们实在不该让你觉得阅读是很重要的事，那是非常不实际的想法。"

"可是我真的不会阅读、看不懂字啊。"

"我知道你不会，我也知道那必须够灵巧才能做得到。有一天也许你会做得到，谁知道呢。但是，就算你永远都不会，也没有什么大不了的，我不在乎。总会有办法解决的，你不一定要看得懂字才会快乐。"

她的眼神暗得有如无底深渊。

我微微笑着："更何况，你在其他方面的表现要比阅读好太多了。"

"有哪些？"

"你能够以一种特别的方法看人，知道他们心里的感受，就像你对汤玛索和他的泰迪熊一样。你知道如何去体会那些感受，明白是什么东西让人们快乐和难过的。你关心别人，一直以来我都知道，萝，你关心别人，而这比阅读重要多了。不管未来如何，都不要忘记这一点。在这个世界上，我们是这么地需要别人的关心。识字、懂阅读的人比比皆是，但是懂得去关心别人的人却没有几个。"

萝莉依然定定地看着我，我可以在她的眼中看到自己的影子。然后她垂下头，长长地吐了一口气："可是我还是得阅读啊。"

我觉得自己又老又累："你知道的，如果有办法可以做到的话，我一定会尽全力让你看得懂字；如果金钱可以买到的话，不论花多少钱我都愿意。"

她似乎困惑了。

"萝,我只要你快乐。相信我,如果我知道有任何方法可以让你看得懂字的话,我一定会去做的。我们绝对不会对你藏私,一如你对我们一样的无私。"我停了下来,因为已经没有话说了,"你知道,如果上帝能够把我的阅读能力给你,我会很乐意他那样做的。我会很高兴看到你拥有它。"

萝莉抬起头,皱着眉:"可是……"她别开头去看着窗外的水仙花,然后低下头看着她的手,"可是,万一那样的事情真的发生了,那你就再也无法当我的老师了,更别提你到时候还会看不懂字。"她又看着我:"我不要你那样做。"

我微笑着:"那并不重要,不是吗?"

虽然她的唇际一直没有露出微笑,但我看到它闪过她的眼中。她伸过手来轻轻地拍了拍我的肩膀。

24

撕毁一切

> 有时候成长是一件非常沉默的事,就像冰箱里的那些球茎一样。有时候我们甚至不知道事情正在发生,可是那并不代表那些事情就是没有意义的。

虽然有满身的创伤,萝莉还是回到学校来了。第二天的午餐时间,我开车载着比莉到萝莉家接她,强将又哭又叫的她抱上车。距学校不过四条街之遥,她已在我的垃圾袋上吐了起来,然后我将又哭又叫的她抱进教室。但不论如何,她终究回到学校了。

她一进教室,其他几个孩子都已经准备就绪。我做了一件很大胆的事,安置好她后,我把艾娜送过来给萝莉上课用的所有练习簿全搬出来,然后从中选出一本色彩丰富的阅读课本、字母卡片,以及其他为了萝莉阅读而收集来的资料。我把它们全往垃圾桶里丢,再把其他的课本一本接一本地撕,撕成碎片后扔进垃圾桶。汤玛索和布看得出神。克劳蒂亚,我们的爱书者,吓坏了。萝莉站得远远地看着,眼中充满警戒。

"你在干什么啊?"汤玛索大胆地问。

"我要把这些都毁掉,萝莉再也不上任何阅读课程了。"

"真的吗?"他的声音充满惊讶,然后他的脸亮了起来,"我可以帮你吗?"

"不行。"

萝莉挪近了一些。

"可是这是学校耶,"克劳蒂亚说,"在这里你得阅读啊。"

"不用,"我说,"萝莉再也不用阅读,不用写字,不用拼音。"

汤玛索的眉毛扬了起来:"那她要干什么呢?"

"很多事情可以做。"我撕起最后一页,并将它撕成四块,"好了。"

萝莉靠得更近。其他几个孩子目瞪口呆地看了好一会儿,然后一一地回到他们的功课上。终于,萝莉笔直地走过来,瞄着垃圾桶里面,接着她转过头看着我,眼中完全没有快乐的神采。

"你担心吗?"

她似乎想要说些什么,但欲言又止。

"我知道你有多么想要学会阅读、写字以及其他事情,就像所有小朋友一样。我不会放弃你的,我觉得你一定学得会,只是不是现在。现在不是适当的时候。"她还是眉头深锁,眼中还是流露着不快乐。

我拉过一张椅子坐下来,抓着她的胳膊,将她抱上我的膝盖:"我需要你的信任。"

她低下头,一根手指头玩着我的牛仔裤。

"让我举一个小例子给你听,好吗?"

她看着我。

"还记得去年十二月我们种风信子的事吗？"

她点点头。

"记得我们是如何把它们放进冰箱好几个星期，让它们长大的情形吗？"

"记得。"

"它们在冰箱里的时候发生了什么事呢？"

萝莉想了一下："它们生了根。"

"没错。可是当你看着它们的时候，你看到它们在长根了吗？它们看起来会让你觉得它们在冰箱里做了任何事吗？"

她摇摇头。

"可是它们做了吗？还有，它们后来开花了吗？"

"有的。"

我微笑着："那么告诉我，萝，如果你在十二月种它们的时候就决定要让它们开花，最后会有什么结果产生呢？要是你用手把它们挖起来，检看它们的根茎长得有多大，又会产生什么结果呢？你能够让它们开花吗？"

"哦噢，那它们会死掉。"

"答对了，它们会死掉。不论你有多么可爱，也不论你多么努力，花就是不会盛开，最后你就只会杀了它们。"

她的眼睛搜寻着我的脸。

"人就像风信子，我们所要做的就是找个好地方让他们成长。可是，每个人都必须为他们成长过程中所做的事负责。如果我们进去那里，把事情搅得一团乱，不论我们对他们多具有意义，我们所做的其实只是伤害而已。有时候成长是一件非常沉默的事，就像冰箱里的那些球茎一样。有时候我们甚至不知道事情正在发生，可是那并不代表那些事情就是没有意义的。"

她还是严肃不语地看着我。

"所以相信我，萝，我要给你多一点的时间成长。你会看得懂字的，不过是在你自己的时间内。你明白我的意思吗？"

她热切地点点头："你要把我放回冰箱里，好让我长更多的根。"

就这样，伟大的阅读危机结束了。萝莉大部分的时间都和我在一起，我转而让她做一些其他的事情，数学、科学、任何我们能够动手做的事情。至于那些避免不了要阅读的功课，我就采取变通的方法，指定汤玛索为萝莉的发言人，只要是萝莉要阅读的东西，都由汤玛索负责念，同样地，任何需要她写的，也都由汤玛索代写。我向他解释，萝莉在这方面完全仰赖他，他们的关系就像盲人与导盲犬，把主人带到正确的地方是导盲犬的责任。汤玛索全心地接受这份工作。每天，萝莉和我都一起做一些她还无法流畅掌握的小事情。例如绑鞋带就是一例，看时间是另一例。为了训练她看时间，我还特地买了一个没有数字、改由手指比画的时钟给她用。

只要有时间，我们就做一些与课业无关的事情。萝莉变成了我们的总务：她帮助布照顾动物、喂食动物、清洗动物笼子、浇花；她帮忙分发及收集作业；我把早上资源学生的作业资料夹着色分类，而萝莉就负责将放在我桌上的作业分发给小朋友，等到小朋友离开后，她再一一地整理并归档；我们利用操场的一角设计了一个花园，萝莉负责整理并从目录里选择种子来种植；她协助汤玛索在花园的中央设置一个温度中心，测量雨量、温度、湿度及风向。这一切虽然她做得不是很利落，但可以让她正常地成长，我觉得很值得。

只是，阅读危机虽然从萝莉身上解除，在我身上却正要开始。我做了承诺，也彻底执行。现在，每次走在走廊上时，就害怕丹或艾娜会发现我干了什么好事。名义上，萝莉还是艾娜的学生，万一她发现我没有照她交给我的课程表教导萝莉，势必不会放过我，届时她必定会火冒三丈，而丹也必将无法释怀。面对残酷现实的日子已经屈指可数了。

比丹和艾娜发现事实还要糟糕的是，我害怕自己。到时候我是否能够勇敢地站起来，充分表达自己的想法呢？相较之下，对萝莉承诺显然容易多了。我真的很害怕，害怕在事实爆发的那一刻，我的勇气会不够。

过去几周来，萝莉强力地吸引了我的关注，相对地，我对其他三个孩子就比较没有像平常一样花那么多心思。不过，我并没有忘记他们。

关于他们三个，我最常想到的是克劳蒂亚。她继续在这个班级中扮演她的边缘人角色。她加入这个班级已经三个月了，而我对她却所知甚少。她经常在放学后留下来陪我，但我们之间却很少交谈，只是偶尔讲上一两句。这样的关系并非我所期待的，我希望我们之间可以更亲近一些。我总觉得她极度地渴望些什么，虽然无法确切地指出那到底是什么东西，但我知道那些东西是我所无法给予的。

过去一个月来，克劳蒂亚的体重快速地增加。虽然当时我并没有看出来，不过这却是正常的怀孕过程。在家中，克劳蒂亚整天被锁在阁楼里，也没有任何朋友会去看她。除了特殊状况外，她的父亲禁止她出门。克劳蒂亚的世界就只是学校、电视、书和她四岁大的妹妹蕊贝佳。

我本身对亲子怀孕期的活动与照顾知识十分有限，所有相关的资源都是从图书馆的书本中得来的。我一直没有办法为克劳蒂亚找到一个适合的支援团体，于是我终于体认到，我可能永远都无法及时找到了。如果真的有任何支援团体存在，应该早就找上我们了。这种情况令我处境尴尬，没有相关知识，没有相关经验，甚至跟克劳蒂亚都没有建立起亲密关系。就这几个孩子中，她是最常被我装在脑袋里带回家的一个，我猜，或许是因为她令我觉得如此无助，以及因为我知道她需要帮助。

"桃莉？"

三月中旬的某天放学后，我一如往常地坐在工作桌前准备隔天的课程，克劳蒂亚则留下来为布和萝莉制作一些学习材料。她一直待在她位于书架旁的位子上。听到她叫我的名字，我抬起头来。

"这是什么？"她从桌子抽屉里拿出一本杂志，翻了翻，走到我的对面坐了下来。

"什么是什么？你手上拿的是什么？"

"这个。"她递给我，是一本《四海一家》杂志。她翻到一页精神医师的问答专栏,指着一名妇女的来信,信中提到她无法达到性高潮的问题。

我把那封信看了一遍。

"我想要知道的是,"她说,"到底什么是性高潮?"

哇噢!在师范学校的时候他们可是从来没有告诉过我这类的事情。

"呃,这种事情有点不好解释。我想你可以说那是一种感觉,一种肉体的感觉,当你得到性刺激的时候,你的体内就开始会有那种感觉。通常是发生在性交的时候。"

"可是那是种什么样的感觉呢?会痛吗?"

"不。有一点被电到的感觉,一阵一阵的。"我停了停,想着接下来要怎么说。

"一种真的真的很愉快的感觉,那是人们之所以喜欢性的原因之一。"

"那种感觉很好?"

我点点头。

她露出困惑又怀疑的表情,然后将杂志拿回去,把那篇文章重读一遍:"你是说,和一个男孩发生性关系的感觉应该是很好的?"

我又点点头。

克劳蒂亚不相信地摇摇头。她还是盯着杂志,然后又摇摇头:"这么说,人们应该是会想要性关系的喽?哇,我真的想不通。"她把杂志推回来给我,我说,"我觉得那是当你找到一个会喜欢你的男孩,而不是一个会抛弃你的男孩时,你才会做那件事,我倒不觉得做那件事情时你应该觉得很快乐。"

看着她面对着我对这件事情的解释时的反应,一股淡淡的酸楚流过我的心头。克劳蒂亚疲倦地颓坐在椅子上:"天啊,我一点都不喜欢。那种感觉很不好,很痛。"

"你的想法有点不正确,"我说,"你不了解。性不单纯只是性,必须等到年纪够大、生理够成熟才可以做的。你还太小,克劳蒂亚。你的身体虽然已准备好了,但你的思想还没有。也许蓝迪的情况也和你一样。我希望当你长大些的时候,对这件事情会有不同的看法。"

克劳蒂亚低下头,折着杂志的角:"你知道的,他们让你觉得性是一件多么棒的事情,所有那些电视节目之类的资讯都是这么说的。他们让你觉得那是件很容易的事情,只要你和一个男孩一起做就对了,你将会乐到极点,每次做完之后你都会活得很快乐。真的,那跟实际情况差太多了。"

"的确没错。"

教室里回响着她玩杂志的声音:"有时候我觉得很孤独,我想,也许我这一辈子以来都很孤独,我想我生下来就是那样了。有时候我会把自己想成纸上的一个小点,你知道的,就是一个小黑点,空空旷旷的一片白围绕着我,很孤独。"

她叹了口气:"蓝迪是这么的好。你知道怎么样?我甚至不用开口,他就会到麦当劳买奶昔和其他食物给我吃。蓝迪,他真的对我很好。"

她为了麦当劳的奶昔而出卖自己的灵魂,而人们却认为这样的女孩不需要帮助。一股沉默的强大压力笼罩着我们。我想不出任何有意义、有建设性的话来回答她,因此当她不再说话时,我们之间剩下的只是沉默。我别过头看着窗外,外头的天空灰蒙蒙地,风也不停地吹着。再回过头来时,她正看着我。

"桃莉?"

"什么事?"

"我是个坏人吗?"

我摇摇头:"世界上根本没有坏人这种东西。"

她一手抱着她的头。沉默再度蔓延,但这次却像一种病菌。我不喜欢这种沉默,但又赶不走它。克劳蒂亚沉浸在自己的世界里,眼睛出神地凝视着某个地方。

终于,她的眼神又回到我身上:"你觉得我很肮脏,对不对?因为我做过那种事。"

"不。"

又是沉默。"我真的很肮脏,"她缓缓地说,"有时候我一天洗三次澡,但还是觉得很脏。"

25

汤玛索的虚拟老爸

> 血流的声音真的很吵。

与克劳蒂亚讨论后翌日,我想要劝她父母带她去看心理医师的企图心又升起。她做了什么事情比较不是那么重要,但她为什么要做以及对这件事的感觉让我觉得心理协助是必要的。我要他们了解,学校本身无法提供克劳蒂亚所需要的协助。

我是一个老师,我的权限只限于孩子们和我在一起时所发生的事情。克劳蒂亚的问题实非我的权限所及,如果我们不想再去面对未来更严重的问题,此时他们就必须介入。克劳蒂亚的母亲当着我的面表示同意,只是她没有时间长期陪女儿去看医生;而她的父亲就比较没有那么世故。而由于克劳蒂亚在我班上一直没有惹出任何麻烦,因此我也无力针对此事采取任何行动。

我决定留在教室吃午餐,顺便可以改改被耽搁下来的作业。再者,报告卡就要到期了,而我的进度还落后很多。

门开着,法兰克林太太犹豫地站在那里探头进来:"我打扰到你了吗?"

"快请进来。"

她的脸上堆满愉快的笑容。她把藏在身后的布拖了进来,并关上门:"我来是要让你知道……布斯已经……"她走到桌前停下脚步,"呃,布斯……我想,我想也许他一直在进步。"

她把布抱到桌子上,脱下他的鞋子和袜子。在母亲的这整个照料过程中,布一直咯咯地笑着。我吃下最后一口午餐,扫了扫桌上的碎屑,把椅子拉得更近以便能看得更清楚。

"现在,注意看,"她说,"这里,布斯,这里。"她开始晃动着他的脚趾头。

"一只小猪?这是什么,亲爱的?一只小猪要去市场?"

布倾身向前看着他的脚,兴奋地拍着手。法兰克林太太又晃动着他的大脚拇指。

布的兴趣完全起来了。

"快点,布斯,让你的老师知道你做得到。快点,听妈妈的话。一只小猪……"

这次连我也不自觉地好奇起来,我们全都弯身看着布的光脚。

然后,渐渐地,他拍手的动作停止了,伸手向前抓住一根脚趾。"一只小猪去市场,"他说,"一只小猪留在家,一只小猪噢咿噢咿噢咿地一路走回家!"布愉快地放声大叫。

法兰克林太太的脸上泛着光彩:"看到没?看到没?那就是他以前

经常讲的话。"她停了停,"呃,在他更小的时候。就是在他还是个小婴儿,刚学会说话的时候。再来一次,布斯,再讲一次给妈妈听。"

"一只小猪去市场,"他说,"一只小猪留在家,一只小猪噘咿噘咿噘咿地一路走回家!噘咿噘咿噘咿地一路走回家!"他大叫了一声,把他的脚趾高高地抬起来并重重地垂下,"噘咿噘咿噘咿地一路走回家!"

我简直不敢相信眼睛所看到的,他这个重大的进展,无异于癌症病人找到了解药一般令人惊喜。

法兰克林太太的兴奋不亚于布,她一次又一次地抚摸他,将他那满是卷发的头搂进怀里,不停地对我说:"那就是他以前经常讲的话。那时每次查尔斯帮他擦干脚,并教他唱这个儿歌时,他总是唱不对,因为那时他还太小。他成天唱着噘咿噘咿噘咿,那也是他第一次对我讲的话。"

她的话深深触动了我的心,如果爱能够治疗这个男孩的话,那么我肯定他绝对会好的。她的言语中透露着累积多年的希望与恐惧。然而,我觉得我们两人都很清楚,单靠爱是不够的,都知道那有可能是没有未来的。

布跳下桌子并朝着门口走去,沿路留下外套、手套和帽子。法兰克林太太看着我:"他进步很多了,对不对?"她的声音因为希望而颤抖,"他进步很多了,这是个很好的预兆,对不对?"

"每个细微的事情都很重要。"我回答。

"我们或许可以教他叫妈妈,"她柔柔地说,"只要一次就够了,你说是不是?"

我点点头。

汤玛索简直是突飞猛进。在所有的孩子里，他的进步最引人注目。他原先那些恼人的小恶习都已不见，甚至咒骂也都尽量降低到让人可以接受的程度。更重要的是，我们终于可以控制他那爆发性的脾气。他虽然还是不免会发脾气，但时间已经缩短很多，而且也比较容易控制，我再也不需要告诉他，回到椅子上坐好，直到能够完全收敛他的脾气为止。在他那次特别的生日宴会结束后，他的暴力性、摧毁性的行为都已消失无踪。

导致他进步的一个最主要原因是他与萝莉的关系，指定他为她的阅读者更意外地为他们的关系拉进一大步。汤玛索很认真地扛起这个责任，这个重大改变是因为他自尊的高度提升，或因为他突然对某个人变得如此重要，我不得而知。也许是因为他忙得没有时间发脾气。总之，自从三月中旬指派他这份任务后，他就变得越来越冷静，脾气越来越平稳。

他体认到本身在班上的新地位。"我必须随时注意我自己，"有天下午他告诉我，"她得依靠我去完成某些事情，我的脾气再也不能那么坏，因为我必须时时刻刻注意她能妥善地做每一件事。"他对我露齿笑着："我就是你曾经说过的一个真正的好朋友，是不？"我不得不同意。

汤玛索唯一不停困扰我的问题，是他对已逝父亲的执迷。我想他的确知道他的父亲已经死了，而且已经死了很多年。然而，每天他总会有那么一两次提到他的父亲，言语之间好似他的父亲尚在人间。我的结论是，大多时候汤玛索都活在他的幻想世界中，他的父亲在那里扮演着非常重要的角色。我对那个幻想世界并不感兴趣，但很显然地，它绝对是导致汤玛索情绪不稳定的重要因素。

我不知道如何处理这个问题。有好一段时期我一直对它视而不见，希望它会凭空消失。但它没有，有时我不免担心他会分不清真实与梦幻之间的差异。更糟的是，与他搭同班巴士的孩子开始取笑他是"超级爹地"。该是面对问题的时候了。汤玛索为自己创造了机会。一天下午，他抱着一个巨大的斗牛士塑胶雕像走进教室。看那个样子，不难猜出他自己为它上了颜色。

"看这里，"他喊着，抱着雕像走到工作桌前。萝莉和布围过去看着那个雕像，克劳蒂亚则尚未抵达。"是个斗牛士耶，就像我爸爸的祖父，真的很像他。"

"哇噢，"萝莉赞赏地惊呼，"它很大。"

"耶！"

汤玛索挺起胸膛："你们猜怎么样？"

"什么？"

"这是我爸爸为我做的，我的亲生爸爸。"

我怀疑地瞟了他一眼："哦？"

"没错，他为我做的，就是要做给我的。你看，他先雕刻，然后放到烤炉里面烤硬，然后再为它上色。"

"哇噢，"萝莉还是忍不住惊呼，"你是说，他用陶土做了一个斗牛士？哇噢。"

"没错，他就是那样做的。"

"他真的是一个很棒的艺术家，"萝莉说，"我希望我爹地也可以为我做一些类似的东西。你真幸运。我爹地连着色都不会。"

"嗯，我父亲很特别，他会很多事情，只要你要求，他就会做出来给你。譬如说，如果我在商店里看到一个玩具，他也许就会做上百个玩具给我，而且做得比商店里的还要好。"

"那他可不可以为我做一些东西？"萝莉问。

克劳蒂亚此时进到教室来："这是什么东西？"

"一个斗牛士，"萝莉说，"汤玛索的爸爸为他雕刻的。"

克劳蒂亚不相信地倾身向前检查雕像："哦，拜托，汤玛索，你别说谎了。这不是你爸爸做的，这根本就是从陶器店买来的，就是把原料倒进模型里做出来的。"

"真的是他做的，克劳蒂亚。他在商店里看到，然后依样做了一个。"

"哦，是这样吗？汤玛索。也许是你自己做的。你看看，那种上色的技巧不是很成熟。你说谎，你心里很清楚。"

汤玛索一阵面红耳赤："你懂什么？你以为自己很聪明吗？这是我爸爸亲手做的。"

"好了，你们两个，够了。"我适时介入，意图化解一场即将爆发的争吵，"做功课的时间到了。汤姆，把你的雕像放到窗台上。"

"她说我是个骗子，你为什么不处罚她？"

"汤姆，冷静一点。现在把你的雕像拿过去那边放着，等到我不再听到争执声音时，我们再来处理这个问题。"

"不！你护着她，你总是站在她那边。"

"汤玛索。"我平静地说。

"闭嘴！你给我闭嘴。为什么每个人都找我麻烦？你给我闭嘴。我不要和你讲话。"

"我知道你觉得我的态度不公平，但是发脾气并不能解决问题。坐下。"

其他几个孩子开始走开，他们也都看得出来汤玛索已经快要到沸点了，我示意他们赶快找事做。布呆了一下才走开，克劳蒂亚则逗留比较久，她和汤玛索之间有时存在着一种手足间的敌意，似乎很想看到他身陷麻烦而后快。"快走，"我对她挥了挥手。她拿起她的作业资料夹，然后回到她的座位上。

汤玛索继续站在那儿瞪着我。我把雕像拿到窗台上，然后指着一张椅子。他眯起眼睛，我又指了一次椅子。僵持了好一阵子后，他坐下来了。

"好吧，我们来谈谈。"我说。

"我不要谈，你都护着她，你护着每一个人，就是不护我。"

"那你应该跟我解释一下你的看法。"

"你已经听到了，你是聋子或怎么的？她叫我骗子，她嘲笑我的雕像，而你却一句话都没有说。你算哪门子的老师？"

"她说那不是你爸爸做的。"

"是他做的！是他为我做的。他知道我喜欢西班牙的东西，所以才为我做的。"我接下来该说什么呢？他的黑眼珠亮着火光，眼神坚定。

"汤姆？"我不像是在问问题，声音很平静。

他沉默不语。

"有时候生命无法尽如人意，不是吗？"

他摇摇头，他内心的不快让他的动作邪恶得有如一条蛇。他低头看着放在大腿上的手。

"而且，有时候我们也需要告诉我们自己一些小故事，虽然那些故事并不是真的，但却可以让我们觉得好过一些。在某一程度内，做这种事情是没有关系的，汤姆。编造不真实的事情没有什么不对，但当我们开始要人们去相信那些事情的存在时，那就不对了。对我们来说，那些都只是故事而已。"

"那不是故事。"他对着自己的手指低声地说。

"汤姆。"

"那不是！"他的头依然低垂。

我没有回答。冗长又冰冷的沉默包围着我们，似乎轻轻一敲都会碎掉。

终于，他抬起一只手扶着额头："我真的希望那是他做给我的。"他的声音轻得我几乎听不到。

"是的，我了解。"

深黑的眼睛与我的眼神交流，那双眼眸是那么的悲伤。"我想念他，为什么他一定要离开呢？"汤姆的双手交叠在桌上，并低下头。他没有哭，声音的背后也没有流泪的痕迹，只有孤寂。我伸出手去梳了梳他的头发。

汤玛索转头望着我，眼睛凝视着我们之间某个无形的东西："他死了，你知道的，对不对。我爸死了。"

"我知道。"

"我努力地不去听他们，我用手捂住耳朵不听。"他说，"可是他们吵得那么大声。我真的不想听，但又不得不听，因为他们讲得那么大声，我和西萨就在沙发上。"

"西萨？"

"是我哥哥。他和我，我们两人睡在沙发上。可是她拿着枪，我不知道她哪里来的枪，以前我从未看过它，反正她就是有枪。当西萨看到它时，便溜下沙发。她叫他不要下沙发，但他还是下去了。他在哭。她说，'你最好给我回到沙发上去，否则我就揍扁你。'然后我爸爸就骂她。他骂她……他骂她……"

汤玛索依然出神地注视着前方，压在桌面上的指尖此时已经泛白。

"那时非常的吵，我没有办法把它赶走。他们吵得那么大声，西萨又哭个不停。他回到沙发，又哭又尖叫。然后，就在我的耳朵里面……我以为那是我的血，我以为我在流血。我下了沙发狂跑着……它温温的……就在我的耳朵里面，我现在还可以听得到，血流的声音真的很吵。"

一种令人毛骨悚然的静止，悲伤淹没了汤玛索全身。突然，他抬起头环视着教室："我不知道西萨跑到哪里去了？他在哪里呢？"然后汤玛索又突然把头垂在他交叠的手臂上，好似他的头重得抬不起来一般。

我可以听到自己的呼吸声。

他用西班牙语喃喃地说着一些我听不懂的话，双眼依然凝视着我们之间的空洞处。

如此多的声音组合成一种沉默。微风轻轻地吹过走廊打在窗户的玻璃上；克劳蒂亚完全埋在她的作业中，手滑过书页发出沙沙的声音；布和萝莉的喃喃低语声成了沉默中的唯一背景。然而，这所有的声音组成了一种沉默。

汤玛索此刻正看着我，我微笑起来。

"人为什么会死呢，桃莉？"

"我真的不知道。"

"我希望这种事情不要发生。"

"有时候我也会这样希望。"

汤玛索没有抬起头，眼神飘到我身后窗台上的斗牛士。"我爸并没有真的为我做那个东西，那是我在男孩俱乐部里自己做的。"他的声音柔和，听起来十分平静，"我真是个白痴才会那样说，那并不是我爸做的。他现在远在西班牙，为他和我寻找一个家。不过也许现在他已经找到了，而且很快就会来接我。"

一颗泪水从他的眼角滑下，滴落在他的手上。

与艾娜争吵

> 这个世界就是这么一回事,各人自扫门前雪。你知道这是什么?是残酷。

四月一日早上,开始上课之前,我发现艾娜出现在教室门口。我立刻觉得她的来访不寻常。

"你把萝莉·史乔汉的阅读课本拿给我看一下。"

"我没有。"

"课本在哪里?你拿什么来教她?我要看看。"

她进来时我正好把背心放进衣柜里:"我没有她的阅读课本。"

艾娜严肃的特质让她看起来很冷漠,长久以来煎熬着萝莉的恐惧,此刻也正煎熬着我。我觉得自己像个畏缩、行为不端、正被老师要求交作业的孩子。我得鼓起所有的勇气才能够看着她的眼睛。

"你没有照着我给你的课程教她,对不对?"艾娜说,平淡的声音后面藏着怒气。

"是的,"我摇摇头,"我没有。"

"你以为你是谁啊?萝莉·史乔汉是注册在我班级的学生,你没有权力干涉我为她选择的课程。"

"萝莉还没有准备好学习阅读,艾娜。"

"谁说的?你吗?"

哦噢,这可一点都不好玩。将近三个星期来,我不断地培养勇气,以期届时一吐自己的信念。现在机会就在眼前,但我腋下渗出的冷汗挫了我的勇气。才讲了两句话,我的脑袋便一片空白。

"让我来告诉你一些事情,请你好好地听仔细。"艾娜说,"这是一所学校,不是收容那些让你掏心掏肺的小白痴的保姆中心。我们在这里的工作是教书,别无其他任务。"

我以深呼吸来冷静自己的情绪,因为害怕自己会做出丢脸的事情来,例如哭泣。"我不在乎当着你的面告诉你,如果这些孩子无法升级,我就会把他们踢出这个地方,把他们放到属于他们的地方。这个世界就是这么一回事,各人自扫门前雪。你知道这是什么?"她问,说话的时候肩膀跟着颤抖,脸上一片赤红,"是残酷。让这些孩子觉得他们可以和其他正常孩子一样,这就是残酷。这样地保护他们,不让他们长大,就是残酷。你的孩子有几个能够写出'盖茨堡演说'?有几个知道'哈姆雷特'?"

沉默。

"怎么样,到底有几个,桃莉?"

"也许一个都没有。"

"没错,一个都没有,而你却胆敢站在这里对我说你不教萝莉阅读。

你到底都教他们什么？你怎敢称自己是个老师？"她转身，"我受够了你的心软自由主义了。你最好照着课程教学，否则你将会有大麻烦。"

砰！门被用力地甩上。

九点十五分，丹·马歇尔出现了，他挥手示意我到走廊上去。跟学生们交代好之后，我走出教室。

"艾娜刚刚在我的办公室里待了一个小时，桃，她的情绪显然不是很愉快，不停地抱怨一些你为萝莉安排的课程的问题。她想要告诉我的是，你完全没有在教萝莉阅读。"

我觉得肠子打结，早餐消化不良。

"我不喜欢听一些闲言闲语，但是我必须确切地知道你到底怎么教导萝莉，艾娜不断地对我抱怨这件事。"

虽然我觉得畏缩，但仍睁着双眼看着他："她说得没错，丹。我的确没有教萝莉阅读。"

他整个身体都垂下来："哦，老天，别告诉我这是真的。说点别的，就是不要说那个。"

"丹？"

他抬头望着我。

"我不能。萝莉还没有准备好学习阅读，她根本没有能力阅读或写字。不论她目前所面对问题是什么，她都还没有成熟到能够处理它们。不过我真的有在教导她，而且我觉得我们做得比其他那些方面都还好。她是个聪明的孩子，有很多的潜力。所以，就让我用我的方式来教，好吗？"

丹是个老好人，我很喜欢和他共事。他本性善良，容易沟通，为人真诚，又热心助人，我发现他比我以前碰到的行政主管好太多了。但说实在的，他个性很软弱，他总希望做出让所有参与者都能获得最大利益的决定。我从不知道他自己真正的信念是什么，当碰到真正棘手的事情时，他便回归政策面，凡事依照政策行事。

"桃，这件事无关信任，我们对我们的学生有义务，他们应该学习那些课程。而且政策手册上说……"

"萝莉没有办法做到。并不是她不愿意学习，或者我不愿意教她，是她根本还没有那个能力。"

丹摇了摇头："那么她在正规教育里都做些什么呢？如果你认为她没有学习阅读的能力，那么就让我们面对现实吧，她不属于这个地方。可是看在老天的份儿上，下定你的决心吧，桃莉。再者，你先前说她有多么的正常，但转个身，你又说她无法学习正规课程。如果她是个正常的学生，她就得学习正规课程，否则她就得到特教班级去。你不能两者兼得。"

"一个全天性的特教班级？在哪里？贝姬·凯利的班级吗？你要把萝莉放到一个所有小朋友的智商都比她低的班级里吗？拜托你想清楚，丹。你的口气听起来越来越像艾娜了。"

就像两只共抢一根骨头的怪兽，我们针对这个问题来来回回地争论着。没有气愤，甚至不觉得彼此的立场是对立的，只是谁也无法置身于这个问题之外。

我痛恨目前这件事，我痛恨站在走廊上和人争论，因为这个时候我应该在教室里指导小朋友。我痛恨自己说话的口气，我痛恨这件事情带给我的感觉。但我却不知道该怎么办,只能为自己的立场辩护。

最后,我想搞砸这场争论的人是我。我并没有针对不教萝莉阅读这件事提出具体的说明,反而一味地要让他知道萝莉在其他方面的杰出表现,这让我越来越挫折,越没有立场争论下去,使得我在应该保持柔软平和的时候,音调却越来越高亢,口气越来越嘲讽。

"我们必须对这件事情做出决定,"他说,"如果那意味着我必须打电话叫柏克·琼斯来,我也会做的,桃莉。"

"我无所谓。"

"那好。"我们就那样僵硬地瞪着彼此,我相信我们两人都希望对方能够软化。然后他转身离去。

我倚着墙看着他离去的身影,教室里几个小朋友热烈地讨论着。事情完全搞砸了。即使在我目前这种高亢的情绪下,我依然可以看得出来,事情会变得越来越严重。

萝莉的案子变成一件棘手的事情。我反对过度强调阅读的重要性,我反对责备萝莉的举止与反应。但一想及该如何安置她的问题时,我并不认为我和艾娜、丹的看法出现极端歧异。事实是,如果在这个社区里有适当的设施,我也愿意为萝莉选择一个全天候的特教班级。由于我们不知道如何教导她,反而让她因而吃了不少苦。在我们发展出适合她也是她所需要的课程之前,我很乐意看到她脱离正规的教育学习体制,问题是,这段期间我们又不知如何安置她。当我自愿全天候带她时,我便想过我可以模拟一个特教班的形态。但现实的问题是,在主流法律上,我并不具有正当性。对我而言,萝莉是一个全天性的特教学生，需要特教的课程，我也认为我正在给她这些东西。但对艾娜而言，我身为一个资源老师，我已经背离了我的职责。对丹而言，我和艾娜的看法都是正确的。根据他的政策手册内容，根本没有任何法令可以规范像我这样的班级，因为我这样的特殊班级并不在法令的规范之内。

我被这个事件搅得心烦，我生病了。一整天，孩子们成了我的试炼，我的脾气暴躁，声音粗哑。我完全失去耐心，甚至把萝莉吼哭了。或许我大部分时候吼的都是萝莉吧。

不过，孩子们让我没有时间去想这个问题。再者，不论我觉得我自己的问题有多么重大，孩子们总在不知不觉中协助我以长远的眼光看事情。

隔天放学后，克劳蒂亚留下来帮我清理科学实验，我们一起在水槽里清洗试管和玻璃仪器。

"还记得上次我们所聊的事情吗？"她问，"你告诉我一些关于性之类的事情？"

"记得。"

"呃，我一直在想这件事。你一定要谈恋爱，才会喜欢和一个男孩发生性关系吗？"

"我觉得那会有帮助的。"

"我不认为我和蓝迪在谈恋爱。不完全是那么一回事，真的。我猜，我不知道。什么是爱呢？"

我湿着手拨开额前的头发，转头望着她："天啊，这是一个很难回答的问题，孩子。答案有很多种，但我不知道应该告诉你哪一种。"

她摇摇头："实在很有趣，性和爱，我不了解，似乎也没有人可以解释清楚。"她转了转眼珠，"我母亲所告诉过我的只有天使、普智天使和铃铛声，讲得好像进到教堂一样。"

我笑了笑，把手插入泡沫水中。

"桃莉？"

"什么事？"

她走到橱柜前把东西放进去，然后就站在那里倚着橱柜："你在几岁时第一次和男孩发生性关系？"

我犹豫着，衡量这个私密的问题："十九岁。"

"你喜欢吗？"

我点点头。

"那时你在谈恋爱吗？"

这个问题让我不自觉地微笑起来，把我的记忆拉回到那个仿如前世的时刻，那是很久很久以前的记忆了："是的，我在谈恋爱。"

"你们是怎么认识的？你们一起上学吗？"

我还是沉醉在天真回忆的微笑中："我觉得他是全世界最棒的男孩，我非常爱他。"

克劳蒂亚的眼神有如坠入梦境中。她凝神地看看我，再看看水槽："他现在在哪里呢？"

"当时发生了一场战争，在越南，他是个直升机驾驶员。"我吸了口气，"他没有回来。"

"哦喔。"她轻轻地叹息着，"他叫什么名字，桃莉？"

"泰格,我们都这样叫他。"

"告诉我,快告诉我他长什么样子。"

我真的告诉了她。

我们依然倚在水槽一旁的橱柜上,继续聊着。克劳蒂亚停了下来,把双手放在腹部:"他在动耶,我可以感觉到他在动。这里,把你的手放在这里。感觉到了没?"

我伸出手摸着她的肚子,感觉到孩子缓慢流动的动作。

克劳蒂亚注视着我的脸:"你认为我有机会像你一样吗?"

"什么意思?"

"你觉得我会快乐吗?"

达成共识

> 事情变得如此复杂,我心中最大的麻烦在于我自己对问题的认知。难道我是那么无可救药地理想化吗?

最后还是劳动了柏克出面解决萝莉的课程问题。艾娜和我各持己见,丹则不愿再进一步讨论这个问题。他打电话告知柏克此事,并定在下星期二开会讨论。

开会之前的这六天对我是一种特别的折磨。除了尽可能避开艾娜和丹之外,我从没有一刻停止过心灵的搜寻。

事情变得如此复杂,我心中最大的麻烦在于我自己对问题的认知。难道我是那么无可救药地理想化吗?为自己的道德观勇敢直言是如此美好的事,但我又如此惧怕同僚们拿专业的大帽子来扣在这件事上,压得我无法翻身。

我真的觉得很累,这样的心情催促着我放弃或让步。我一直想着诸如让萝莉转校这类的事情,或许其他学校的其他老师能够教会她一些艾娜和我教不会的事情。想到这些时,我心里很清楚这些其实都不确定,然而我此时已经累得不在乎了。那几天,闪过我脑海最低劣的想法是,萝莉是否值得我如此付出。虽然有这些想法并不值得骄傲,但它们却没有不合理的地方。那六天,我坐在教室里看着她,她还是一如往常地疯狂、可爱,与我及其他小朋友聊一些只有她知道的小事情。我不禁想,她对我真的有这么重要吗?毕竟,她只是一个孩子,是我多年来教过这么多学生中的一个孩子而已,会有特别重要吗?没有人会怪罪我的,毕竟,她不是我正式的学生。

我痛恨自己有那些想法,甚至痛恨知道自己会那样想,但它们就在我的脑海里,驱散它们的唯一方法就是想想美好的未来。不是萝莉的未来,因为无论事情最后的结果为何,我都无法预见她的未来。不过,我可以预见我自己的。

六天过去了。

我的夜晚是属于我自己的。乔克离开已经一个月了,我终于动手打包他的东西,并寄回去给他,然后换上新门锁。对我而言,这是一件很讽刺的事,他竟然为了一个小女孩而离开我。我真希望我能够把这个问题放在磅秤上,称称看我所付出的代价是否太高。他离开后,我尽可能地安排自己的生活。我加入青年会,开始每晚游泳一千公尺。比莉诱惑我参加一个蛋糕装饰课。一位本地的牧师帮我复习拉丁文,同时我也开始阅读一些经典作家名著。虽然忙碌至此,我还是不免会乱想。

会议安排在星期二下午一点三十分。一位办公室助理过来暂代我的课程，我到丹的办公室找他，我们四个人全到齐了。一如柏克所言，这是一场"家庭会议"。从他的口气里，我听得出来他打算当场就把这件事情做个彻底解决。

会议开得很安静，柏克一一质询我们。先是艾娜。她的立场是什么？她和我在哪些方面的意见不合？她觉得萝莉最大的问题是什么？她过去如何处理那些问题？她为什么执意反对我的处理方法？

艾娜一边回答一边看着我。她静静地说着，我则像个白痴一样地神游着，奇怪地看着她的五官，不知道那些五官为什么会长在那些地方？不知道她私底下过着怎么样的生活？她看起来就像是个当了祖母的人，就连说话的样子都像个祖母。我们根本就是两个截然不同世界的人。

接着柏克转向我，所问的问题和艾娜的完全一样。听过我的回答后，他转而问丹。他处理到什么程度？根据正规政策，这类的案子应该如何处理？站在主流法令的立场，这一切应该如何诠释？这个案子由谁负责？

最后他要求看萝莉的档案。接过丹递过来的档案后，柏克一页一页地仔细看着。室内一阵死寂，艾娜换了个姿势，丹看着手表，示意下课时间快到了。我则凝视着窗外，什么都不想。

啪地一声，柏克合上档案。他轮流地看着我们每一个人，当目光来到我的身上时，他轻轻地咋了一下舌头："我们两人可以单独谈谈吗？"

太可怕了！哦，天啊！

丹和艾娜动作一致地起身离开我们。一时之间我真不希望他们离开，我的心在我的耳里跳着。咔地一声，门被关上了，只剩我们两个，柏克和我。

他对我微微一笑,一种解除武装、父亲般的笑容:"好吧,这到底是怎么一回事?"笑容依然。

我慌张得手足无措:"事情就像我们刚才说的那样,柏克。就是那样。"

"但是为什么会演变成这个样子呢?还要我出面?你和艾娜为什么没办法处理呢?"

"我不知道。"

"根据丹对我的陈述,让我觉得是你不想让事情结束的。"

"我?我当然想快点让事情结束。"我停了停。由于紧张,我冷静的情绪开始动摇起来。如果他想要宣读我的罪状的话,大可不必等到现在。

"那么到底是什么问题?"

我所有的战斗力已耗尽,唯一能做的就是忍住眼泪不让它流出来。"我做不到。"

"做不到什么?"

"这个!"我大大地摊开我的双手。

柏克点了点头,而我则必须一手扶着额头,一手捏着鼻梁,不让自己哭出来。我听到他用烟斗敲着丹的办公桌。

"那么,"他说,"你打算怎么做?"

"我要萝莉,就这样。我要让她上修正的课程,我要继续试试。"见他不回答我的问题,我不得不找话题填补沉默空缺:"柏克,我们正在残杀这个孩子,如果我们硬要她去适应正规体制的话。你们每个人都要求我去做那个刽子手，我做不到。游戏玩到这里，我已经厌倦到不在乎其他任何事情了，但我绝不会残杀这个孩子，至于其他事情对我来说都已经不是那么重要了。"

"嗯嗯嗯。"他叩叩叩地敲着烟斗。

我低下头，直截了当地说："给我一些时间，柏克。你知道我的，我不是信口开河的人。这种事情既不是要噱头也不是实验，我真的要她上正规课程，我真的要教她阅读，只是不是此时，也许晚一点吧。也许下个月或下个秋季，反正不是现在。此时她做不到，我也没有办法让她做到。"

他没有回答，注意力都在烟斗上。他装进烟丝，从外套口袋里拿出火柴。他的沉默让我感到害怕。

"拜托？"我要求着。

"告诉我，我们同是专业人员，你认为这个女孩能够学会阅读的机会有多大？"我紧张了。这个是吊诡的问题吗？

柏克咬着烟斗看着我。

"机会不是很大，我猜。"我回答。

"我也认为没有什么机会，尤其是受过这类头伤的孩子。直到现在她都没有出现任何进步的征兆。"柏克仍然看着我。他用力吸吐烟斗，试图点燃，"既然如此，你们又为什么会吵成这个样子呢？你对她所做的事情在我看来颇合理。"

我不敢相信地注视着他。

柏克又笑了笑，像兔子一样皱了皱鼻子。

那一瞬间，我的泪水夺眶而出，轻松流过我全身，顿时觉得全身疲惫起来。过去这六天是那么的漫长难熬。

"你对体制没有什么信心,对不对?"他问。

"对,我是没什么信心。"

他英雄所见相同地摇了摇头:"你以为你是唯一在乎教育体制问题的人吗?其实我们这里很多人都很在乎,问题是,你要知道该往何处看。其实你所需要的只是一点点诚心罢了,桃莉。"

"我把我的诚心全用在我的孩子身上。"

"我知道你是。"

我需要几分钟来让自己冷静。我感谢他的认同,也为给他带来这么多麻烦而向他道歉。我绝对无意如此,真的!柏克继续和那个烟斗挣扎着,想要把它点燃,房间内充满他吸吐烟斗的声音。

"听我说,"他说,停下吸吐烟斗的动作,"我们刚刚所谈的事情是我们之间的秘密。我会去向艾娜解释清楚,你不要再去搅乱局面,只管回去做你的事。"

我点点头:"那丹呢?"

"如果我们在这里做的是手电筒或汽车或其他任何东西,我可能会气你给我和丹惹了这么多麻烦,但是我现在看到的是,我们处理的对象是人类,有时候就算是我和丹也不得不认栽。"

回到教室时,孩子们都在做功课。克劳蒂亚正在阅读,汤玛索趴在桌上做数学,布和萝莉坐在动物区前的地上,前面摆着一张画纸,两人专注着颜色。

我来到他们两人旁边,从阅读区拿过来一个枕头,然后靠在枕头上。

"你要不要帮我们画?"萝莉问。

"你们在画什么?"

"我和布,我们在画我们自己的花园,对不对,布?"她拿起一把画笔,"拿去,如果你想帮我们画的话。"

"如果你不介意的话,我倒想看你们画就好了。"

"好吧。"萝莉回头继续投入她的杰作。布拿起红色画笔,在画纸角落起劲儿地涂了起来,萝莉偶尔会停下动作看着他。

斜阳从窗户玻璃上照进来,照得空中的灰尘竞相舞动。看着他们两人全神贯注地画着,我想起一月份萝莉为我画的那张蓝鸟图。即使是此刻,那张图依够能够让我会心微笑。

"你到哪里去了?"萝莉问。

我耸耸肩:"只是到外面而已。"

"汤玛索说你不会回来了。"

"我永远都会回来的,萝莉。"

她冲着我微微一笑,转过身继续画她的图画:"我知道你会的。"

"萝?"

"什么事?"

"莉比好吗?"

"还好。"

"你不来学校那几天,她每天下午都会来找我。"

"是的,我知道,她跟我讲了。她甚至告诉我她跷了芭蕾舞课,爹地后来发现了,她就被打了屁股。"萝莉悄悄地对我窃笑,"不过她不太在意,我觉得她希望来这个班级。"

"我喜欢莉比。"

萝莉点点头:"可是莉比不像我,她很聪明,她什么都能做。"

"哦?那你不能吗?"

她再次窃笑:"呃,我几乎什么都能做。"

"没错,我也是这样想。"我坐了起来,滑过他们两人身边,"你们打算在这座花园里养鸟吗?"

好似突然得到什么灵感似的,萝莉抓起布的手,画得更起劲儿。"我不知道。你觉得呢,布,我们应该养鸟吗?"

布给她一个灿烂的笑容。

"我可以画一些吗?"我问。

"当然,动手吧。那边,就在花的上面,你可以画一些鸟。"

我点点头:"好,我也想要画几只鸟。"

缓慢的进步

再给我一个学年、一个学期、一个月，只要我能够阻止时间潮流涌上，让他们可以有更多的时间成长，那么也许……这是个不知何时才能实现的希望。

四月份轻轻地向前推移。复活节来了又走了，现在进入百合花开始盛开的五月份。

星期六晚上，我正坐在家中的桌前，翻着月历，数着距离学期结束还有几天。只剩六天了，我的时间就快到了。

布还是呈现不规则、蛇行般的进步状态。他越来越常和我们讲话，真正地讲话。

我找到许多方法引导他走向现实，诱导他沟通。他母亲晃动他脚趾头那一招当然是我必用的招式，但总不能每次都要他脱掉鞋子，搔他的脚要他讲话。

布在其他许多方面也进步很多。在克劳蒂亚的协助下，我终于教会他使用马桶。虽然我觉得与其说是在训练他,还不如说是训练我们,但是现在大概有四分之三的机会他会保持得很干净。另一方面的进步是,他专注在功课上的时间渐渐地加长。一开始,他对任何一件事情的注意力不会超过两分钟,现在,他可以持续做功课长达半个小时。不过最大的功臣要算是萝莉了。自从上个月解除了她的阅读科目之后,她的无数活动都让布参与,以确定他知道如何进行那些活动。他们一起画画,一起煮东西,一起为动物清理笼子,一起玩拼图,一起整理小书架上的书本,并将教室弄得整齐有序。现在布可以在没有人监督或最少的引导下,独自做许多事情。

更好的是,他事实上已经把这种新行为带回家中。法兰克林太太指出,现在只要要求他,他都会把他房间的东西收拾干净,而且偶尔也会参与家庭活动。虽然布还不会叫妈妈,但法兰克林太太告诉我们他的进步时,仍不免兴奋得直垂泪,她说布真的和他的表哥一起寻找复活节的彩蛋,还帮忙准备复活节晚餐的沙拉。对一个八岁大的孩子,这是轻而易举的事;但对布而言,却有如攀上艾佛勒斯峰那般的困难。

汤玛索也持续地在进步。自从四个星期前对班上每个人大发脾气后,他便几乎没有再出现过粗暴言语。功课方面也明显地进步,从去年十一月份加入这个班级以来,他在阅读科目方面已得到十八个月的成绩,意即平均每个月成长三个月的阅读技巧,虽然这还是落后同年龄孩子许多,不过相信这个缺口很快就可以补满。他在数学方面的进步就比较慢了。虽然他花在数学的时间不少于阅读,但他似乎比较不具有这方面的学习能力。不论实际上他的记忆力有多好,他就是无法有逻辑地运算。文字问题尤其困难,举例而言,珍妮有十个苹果,要平均分配给她的五个朋友,每个人可以分到几个苹果。汤玛索总是无法决定每人该分几个,他不知道是否需要十减五,或是十乘五,或是该先给五个或十个,他总是被数字搞得一团乱。相对地,如果我问他十除以五是多少,他却立刻知道答案是二。

除了这些困难外,汤玛索是个精力充沛的学习者,对科学尤其热爱。他几乎没有一天不会从外界或一些有关火山、恐龙或热气球的故事中有所发现。他的最爱是我放在教室后面的过期的《国家地理》杂志,他的地理常识甚至比我还要丰富。

汤玛索的父亲还是与我们同在,也许不如以前那般明显,但仍旧存在。有时我会建议汤玛索的社工,如果安排他到精神健康中心接受治疗也许有助于情况的改善。不过他们一直没有采纳我的意见,他们觉得一切有我就够了。自从汤玛索进入这个班级后,他有非常明显的进步,额外的心理治疗在他们看来是没有必要的。我犹豫地指出,我只是个老师,不是专业的心理医师,而且我也无暇处理一个脑海中整天想着六年前亲眼看见父亲被谋杀情景的孩子,但总得有人来处理这件事。但我的建议根本不被重视。由于无法确定那些幻想是否会置汤玛索于危险之境,因此我也就不可能循着正规的教学体制为他争取到心理方面的协助。因此,我们两人只好继续纠缠下去,这是最好的方法。

克劳蒂亚真是个优秀的学生:守秩序、有礼貌、课业优秀。她应付功课轻轻松松,我们早就把她六年级的课都上完,也都通过测验。接着,我为她设计了一些比较丰富的活动,以增强她比较不拿手的科目知识,并且经常让她选择她感兴趣的田野研究。但克劳蒂亚让我担心的部分不在她的智力，而是在她的怀孕以及心理问题方面。至今我仍无法为她找到一个支援团体。我继续看着她日复一日地认命，我也知道我们有一颗定时炸弹。在面对克劳蒂亚的问题时，无助变成了我的第二个本性。我痛恨这种无助感，每一分每一秒都痛恨。

至于萝莉，她现在一整天都跟着我，在许多领域上的学习也不停进步。我把她惹出来的所有麻烦都合理化，视那些麻烦为她在其他领域（阅读与书写以外）上的进步。事实是，她真的有进步，只是她脑袋里的那个伤害依然让她在许多方面无法正常表现。她的数学很棒，甚至不输给同年的正规班孩子。当然这只能在口头上表现，因为一旦要她看题目或写出答案，事情就变得困难重重。

在汤玛索的影响下，萝莉也喜欢上了科学。过去几个星期以来，虽然阅读上毫无进展，但她却越来越投入到科学的方案中。我手上有本供有阅读障碍的高年级学生使用的简单实验书籍，上面用清楚的线索画出每个实验步骤，只要有人向她解释实验的重点，她就可以独自完成书中的那些科学实验。最近，她对自己的未来做出了决定，长大后她要当一个科学家，在实验室里与动物和化学物品为伍。我没有泼她冷水。经常，我发现她和汤玛索共同研究着摊在眼前的地理杂志，听到汤玛索喃喃地念着内容给萝莉听，因此杂志中所介绍的中国皇陵、北极冰层……她都了如指掌。

至于我最近不断教导萝莉的领域却不见什么进步。截至目前为止，她稍微看得懂时钟，但也只能看懂到十五分钟的刻度，再往下便全部搞混了。她还是不会绑鞋带，这点让我们两个人都备感挫折。我无法判断出是不是她的运动肌控制出了问题，导致她学不会那个绑蝴蝶结的动作。我们一试再试，就是无法把鞋带绑好。最后，当有天早上她用我带到学校的一个布条绑了一个松松垮垮的蝴蝶结时，她高兴地将它戴在手腕上一整天。

我花了很多时间设计了许多"预读"的活动，将阅读融入实际生活中，希望借此解决她的阅读困境。我教她如何认识其他三个小朋友的名字，不是用读的，而是算算他们的名字共有多少个字母，多少个字母长得高高的，多少个字母长得矮矮的。我们还一起到社区里去看马路招牌和看板，萝莉对此侦探式的学习很投入。我决定，就算未来她无法成为一名科学家，也许可以成为一个出色的侦探。

学期就快结束了。我坐在桌前翻着月历，希望自己还能有更多的时间。再给我一个学年、一个学期、一个月，只要我能够阻止时间潮流涌上，让他们可以有更多的时间成长，那么也许……这是个不知何时才能实现的希望。

克劳蒂亚已经缺席五天了。这种现象有些不寻常，因为她的出席情况一直很良好，她的突然缺席不禁令我担心。

克劳蒂亚缺席的第二天，我曾打电话到她家中，但没有人接听。接下来的那几天，办公室秘书继续打电话，但显然这一家人出城了。我不禁觉得奇怪，他们为何事先没有通知我们。但再想想，也有可能是临时有急事来不及通知。不过在连续这么多天找不到人后，我便不再这样想了。

隔周的星期一,克劳蒂亚回到学校。她的气色看起来很糟糕,脸色苍白,有体无魂,两个眼圈黑得有如猫熊。

"我们都很想念你。"在她走进教室时,我说。

她朝着我站立的动物笼旁走过来。那只母鸟正在孵蛋,我试着想要把那些已经坏掉的蛋拿出来。克劳蒂亚看了看我,然后伸手拿出蛋。

"你猜怎么样?"

"怎么样呢?"

"我去看精神科医生了。"

我转身。她的语气中是否隐藏着些什么?压力?希望?解放?我无法分辨,只能微笑地点点头。

"他叫佛瑞德曼医生,他真的很好。"

"那就好。"

一阵可预期的停顿随之而来。她的神情似乎透露着她迫不及待地想要回来上课,虽然不见笑容,却可以看到她的嘴角轻轻翘起。"我很高兴我去看了精神科医生,"她说,"我真的很高兴。"

下午的时间缓缓流逝,克劳蒂亚毫无困难地就回到平常的轨道了。但她的样子扰乱了我的情绪,因为她看起来就是不太对劲儿。曾有一次,我发现她对着她的地理课本点头打盹。

直到学校即将放学之际,其他三个孩子各自专注在自己的功课中时,我才有机会在她的旁边坐下来:"你觉得还好吗,克劳?"

"是的,我没事。"

"有时候,当一个人很想回到学校时,他们会在还没有真正觉得舒服前就回来了。我会痛恨那种事情的发生。我的意思是,如果又怀着小孩及有其他事情的话。"

"我没有生病,一直都没有。"她头也没抬地插话,"那几天我都在医院里,因为我企图自杀。"

"哦。"外头正在下雨,一场黑蒙蒙的雨,下得我心里也蒙上一层挥之不去的沉重阴影。我转过身,起身走到窗前凝视着外面,思索着所有生命中的大事件如何插进这种小小的对话中。

"我只是再也受不了了。"克劳蒂亚说,她的声音平淡而不带感情。

雨越来越大。好一个冰冷的春天。

"所以他们把我送到医院,去看佛瑞德曼医生。他是那个负责照顾我的医生,我很喜欢他。可是他开给我一些药丸,让我吃了之后成天想睡觉。他说吃几次后就会习惯了,可是我却只想睡觉。"

我持续背对着她而望着窗外的雨,不想转过身来面对她,不愿面对一个服用镇静剂、即将临盆的十二岁妈妈,有时候这份工作似乎显得有点太沉重了。

"其实也没有那么糟啦,真的。现在我每天都得回去那家医院,我妈妈会带我过去,上次去的时候她还买了一本相簿给我。也许她也会去看佛瑞德曼医生,那是她自己说的。她说那样一来,我们两人就可以一起吃晚餐了。所以喽,事情没有那么糟啦。"

"没错,我知道没有那么糟。我真为你高兴,克劳蒂亚。"

沉默,出其不意的全然沉默。我转身查看其他三个孩子,一切是如此的安静。三个孩子一起在一张纸上画画,没有注意我和克劳蒂亚之间的对话。我回到窗前,用手指沿着窗户四边画着。

"你知道我做了什么吗?"克劳蒂亚问。

我摇摇头。

"我用一个塑胶袋套住头,并用一条绳子将它绑住,然后把绳子绑在我衣柜门把上。我把房门锁上,不让任何人发现我。"她叹了口气,"可是这招没有成功,还是被发现了。"

为了梦想

"可是你的目标是什么?""让他们有人性,还有,有生存下去的毅力。"

我想,我必定做了许多让上帝不悦的事情。对埃及子民来说,当他们做了脏肮的事情时,上帝送给他们瘟疫。对我来说,他送了亚莉亚妮·布恩给我。

亚莉亚妮·布恩不是你我这种凡夫俗子,所有的人都认识她。她是一个身材矮小又满头灰发的老祖母,却有一颗前卫自由的心。过去十年来,亚莉亚妮·布恩博士一直受雇于州政府的公共教育部门,因勇于挑战体制而声名大噪。

她的一些观念真的非常有意思,只是必须付出极大的代价。例如,几年前她便已醉心于教学机器,而且还为州内所有小学班级各购置一台。就我所知,没有一位老师用过那台教学机器,一方面是因为机器运到的时候,亚莉亚妮·布恩已转而相信其他东西,再者因为没有人来教我们如何使用这台机器。

她的名字变成人们茶余饭后的笑话。然而在此同时,我却觉得她其实赢得我们所有人的敬畏,因为她在一个权位上竟然可以屹立如此之久。虽然从没见过她,但我很清楚我的时间所剩不多。她现在的兴趣转到特殊教育及孩子受虐问题上,而且正针对此问题展开一非正式的州际巡回演讲。

五月初,一张小字条滑过我的桌面。亚莉亚妮·布恩将来拜访学校,日期未知。她喜欢随兴而发的临时探访,以期能够看到老师们"自然"的教学方式。不过柏克说,他要带她来看我的班级。我不明白他为什么要带她来参观我的班级,正规而言,我根本没有班级。不过我猜他应该是跟我闹着玩的,为三四月份我因为萝莉的事情而惹出的许多麻烦报一箭之仇。他一定是在开我玩笑。

好一个不同凡响的女士。她的身材非常矮小,腰围的宽度却可直追她的身高,整个人圆滚滚的。她穿着褐红色及红色条纹相间的上衣、黑色长裤,脖子上戴了将近半斤重的珠宝。五月份的某天下午,她推开教室门走进来,身后还跟着二女一男。她浑身散发着自信的气息,一进门,整个教室好似突然变成她的,而不是我的,让我觉得自己好像个非法入侵者。

"你这里使用什么样的教学模式?"她问我。孩子们和我刚好才翻开练习本,我们都聚坐在阅读区的地板上。"我看到你那里的图表了,你是行为学家吗?"她问。

"呃……呃。"我一时不知如何以对。老实说,我一直期望柏克至少应该让我知道她进城来了。如此一来,当她来看我的教室时,我可以做得比我所要的更自然。布目前正在训练不包尿布,但因为刚刚来上课的时候一时控制不住而出了一点小意外,现在他的裤子正晾在椅子上。我们大家先前在工作桌上合力做了一个纸糊恐龙,正在外头晒干,还没有去拿回来。所以,教室里到处都是一桶桶又糊又湿的报纸。更可笑的是,我还穿了一件很蠢的衣服,那是我在二手店里买到的一件衬衫,上头有一只巨大无比的河马。孩子们都很喜欢那件衬衫,但实在不是很适合大人穿。见到布恩博士进来,我恨不得把那只巨大的河马变不见,一时间觉得自己就像个小丑。

她笔直地朝我们走过来,问我的教学方法是什么。我指了指我桌上的教师日志,她可以先去看日志簿,等我和孩子们的教学告一段落,再过去和她谈。

当布恩博士往教师桌子走去时,萝莉倚身靠着我:"天啊,她的味道好臭哦,对不对?"

我给了萝莉一个大白眼。她张嘴想要抗议,我及时捂住她的嘴巴,对她摇了摇头。一旁的汤玛索则是咯咯地笑个不停。

那个下午真是漫长。布恩博士和她的随从围在我的桌旁看了一会儿教师日志,我则抿着嘴低声地威胁孩子们安分一点。然后几位访客又走回到我们旁边,我知道他们对这个班级是真的感兴趣了。布恩博士问了我几个一针见血的问题,不过问问题的场所实在不恰当。他们丝毫没有注意到孩子们的存在,和我谈话时好似这个教室只有她和我两人一样。我不知道这是因为她的冷漠,或者是她根本就觉得这些特殊教育的孩子都听不懂我们交谈的内容。

让我难以置信的是,她的高度自信从她坚定的注视眼神中表露无遗。经常,我会很羡慕人们的自信,但是我又经常被这样的自信威胁着。

孩子们都很紧张。通常,教室有访客并非什么不寻常的事。偶尔,本地社区大学的学生或邻市大学的学生也会利用下午来拜访。护理学校的学生,尤其是精神护理科的学生,或是医学院的学生常常会来拜访我们,每次为期约二到三天,主要是为了实习,孩子们也都颇为习以为常。但这天他们却感到紧张,我想应该是我的不安全感所引起的,我们都觉得自己像是显微镜下的虫。

布受到的影响尤其深。以往他对人们会完全视而不见,但这次他没有。他似乎异常地注意着环境,同时他的行为也变得异常。例如,有时他会钻到地毯下爬行,以避免和访客接触;有时他会躲到我放外套的柜子里,任我怎么拉就是不愿出来。更头痛的是,他还一路尖叫到底。

我把他带到一旁,向他及其他三个小朋友解释,这些人只是来这里看我们的上课情形,没有什么好担心的。我拍了拍他的背,要他去帮萝莉拼图。他拒绝了,反而退缩到角落的动物笼子旁,抓起克劳蒂亚的毛线衣包住他的头。此刻我只希望时间赶快过去,下课时间赶快来临,让这一切得以结束。我的不安全感已经慢慢扩散成了紧张焦虑。

亚莉亚妮·布恩此时拿着一张椅子到动物区的角落坐着。然后她起身,踱到距离不远的动物笼前看着那些动物。小蛇班尼早就游荡到笼子外头,但我竟蠢到忘记告诉布恩博士。一见布恩博士靠近,班尼的头突然冒了出来,吓得布恩博士逃回她的椅子前,把椅子拉到动物笼子对面的角落坐了下来。我和汤玛索会心地相视而笑,各自回头做我们自己的事。

布的精神完全无法集中,他坐在克劳蒂亚的毛衣下一会儿之后,迅速地飞掠到我身边,紧紧地黏在我身边不去。他找不到皮带可以抓,转而抓住我的牛仔裤,并不时地从我身边偷窥那几个访客。难道他怀疑那些人会对他怎么样吗?有好一阵子,他就那样满足于当我的小跟班。然后他把自己贴得更近,用双手紧抓住我的裤子,让我走起路来绊手绊脚的。

"布,拜托你放手,你这样子我根本没有办法走路。"我的声音带着些许责备,而且一说完马上就后悔。我摸了摸他的头。

亚莉亚妮·布恩的眼光紧盯着我们两人。我可以听到她轻声地对她的同僚讲到这个孩子。我希望她的声音可以再轻一些,因为我也听到她讲到我。

布紧抱着我的腿,害我差点跌倒。我抖了抖,希望抖松他的紧箍。萝莉和汤玛索抬头看着我们。布还是丝毫不愿松手,一见我伸手要推开他,他便放声尖叫。克劳蒂亚走过来,开始将他的手指一个个掰开,硬是将他从我身边拉开,拉到他伸手触不到我的地方。在他的尖叫声中,我投给布恩博士一个抱歉的眼神。再次地,我又听到他们咬耳朵的声音,然后会意地摇着头。

布继续喊叫着,当我试着安抚他时,他挥着拳头对我又踢又叫,但并没有真正地打到我。我跪了下来,将他搂进怀中。布紧紧地抱着我,手指深陷在我的背脊,疼痛刺进我的背部皮肤。

终于,他冷静下来了,从我的肩上望向那几位访客。我可以感觉到他体内的那股紧张,但我却不觉得紧张,因为我很清楚导致他紧张的原因是那几位不受欢迎的访客。他的小小手指依然紧抓着我的衬衫,呼吸依旧急促。我感到非常挫折,不明白他为什么如此害怕,更不知道如何安抚他的情绪。

终于下课了。一名助理进来带孩子们出去,我则留下来陪伴布恩博士和她的随从。布的紧张对我唯一的正面结果是,我忘记了自己的紧张。现在,我是以一种较放松的态度和她对谈,比如果我稍早就和她谈要放松。

我一直错判了她。

她不似传说中那般冷血,她本人也不像刚进教室时那般滑稽。在那些衣着和珠宝的表象下,她是一个热诚的女士,一眼看穿了我对这个班级以及对孩子们不足的缺口。我对于错判了她感到很内疚,但心情很轻松。

不过,她还是不放过先前问我的问题:我的教学模式是什么,这些模式的理论基础又是什么。

我一直希望能够逃避得了那个问题,因为我真的不知道答案是什么。我的教学模式十分折中,只要是想到的方法可行,我都会适度地加以利用。可是,不论我多么想要找到完美的方法或兼容并蓄的理论,但就是找不到。踏进特殊教育班级已近八年,我未曾停止过搜寻,期望能找到有助于孩子们的方法与理论,然而到目前为止我还是一无所获。我使用的是谁的模式和方法?我想是桃莉·海顿的。并非因为我是个天才,可以自创教学模式与理论,也非因为我拥有任何魔法钥匙,只因为我必须厚着脸皮地说,我是目前唯一了解所有情况的人。未来我是否还会继续如此认为就不得而知了。

亚莉亚妮·布恩摸着下巴,转身离开我的身边。我的沉默不语反而让她分了心,我因而得以再次逃过同样的问题。

这时她的一位年纪与我差不多的女性随从说:"我们今天早上去拜访过重度智障特教班级。"

"哦,你指的是贝姬·凯利的班级?"我问。

布恩博士点点头:"她班上的学生不少。柏克告诉我,她是直接从正规班调过去接特教班的。"

我不得不对自己微笑。贝姬是我们的特殊人物之一,比我年轻,完全没有特殊教育经验。她是本区唯一热切争取自愿担任那个班级导师的教员,而那个班级却随时面临关闭的危险。她班上有八名十岁以下的学生,全都没有受过马桶使用训练,其中几个甚至不会讲话。她和她的两名助理每天六小时的最重要任务就是控制混乱场面。虽然如此,但那却是我所观察过最棒的班级之一。贝姬爱那些孩子,那些孩子也爱她。虽然她有专业训练和实务经验方面的不足,但她却有十足的勇气。而且我了解贝姬,诚如我一样,如果可以选择的话,永远都不选择回去带正规班。

我对布恩博士如此说。

布恩博士摇摇头:"我不知道,我不是很了解她的教学模式。就我看来,她大部分的时候都只是尽可能地适应那个环境。"

我提醒她,她一定也已经注意到我这一整个下午都在做些什么,其实我和贝姬所做的没有什么差别。

"哦，不，桃莉。"她以自信的口气回答。她解释指出，由于我拥有相关的硕士学位，并受过特殊教育的博士学位训练，我的教导方式是很专业的，但贝姬却做不到这一点。她指出，我就像她一样，是在我们自己知识的架构下运作。"我们受过专业训练，我们有扎实的背景，而不只是适应而已。我们很清楚如何去运作。"我注视着她。或许就是那么一回事吧，也许她真的知道。也许那就是她如此自信的原因。但是对于在这里带着这几个孩子的我，老实说我真的不知道。还有，我得为这样的知识付出多少代价。为了把萝莉纠结不清的脑袋整理清楚，为了让布可以敞开心胸拥抱世人、感觉和言语，为了让克劳蒂亚得到幸福，也为了让汤玛索从他父亲的阴影中走出来，就算再去念书、多拿十个学位我也很乐意。我的日子日复一日地，其实都停滞在适应的绳索上，我们只能尽其所能地适应他们、对他们抱着希望、和他们相处，大学教育、实务经验和专业训练所能提供的答案其实很少。

布恩博士站在布告栏前，上面贴着的是萝莉、布和我合力所画的花园蓝鸟图。她仔仔细细地看着那张画："你还是没有告诉我你用什么教学模式，桃莉？"

"那是因为我也不知道答案是什么。"

她怀疑地扬起眉毛："哦，少来了，你一定有什么方法来教导这些孩子。关于决定要改变些什么以及如何进行。"

我耸耸肩："当我觉得有机会改变的时候，我就改变。至于其他的，在还没有想出该怎么做之前，我就只能接受现状。就是这样，没有什么特别的地方。"

"可是你的目标是什么？"

"让他们有人性,还有,有生存下去的毅力。"

她微笑着,一种会心的微笑:"你还年轻,还有满腹的理想,对不对?"

"我希望如此。"

孩子们回来了,我们继续前一堂课的活动。我有如变脸般地,表情和前一堂课完全不同。我的心中充满难以言喻的悲伤。我发现自己盯着亚莉亚妮·布恩看,不知道她是如何变成今天这个样子的。那是一种日渐加深的疲倦吗?是不是所有的这种悲天悯人情怀最终都会战胜一个人?她是不是在太多这种班级中待太久了?我知道她在我的花园里没有看到任何蓝鸟,因为那些鸟会对我唱歌,却不会对着她唱。我感觉到一股毛骨悚然的恐惧。有朝一日我也会变成那样,武断地判定自己并不熟悉的领域。

剩下来的时间过得很慢。只剩布的情绪尚未完全恢复平静。我指导他功课的时候,他爬坐到我的腿上。其他几个孩子虽然害羞,但都很安分。放学钟响后,我送他们几个出去,然后折回教室走到布恩博士和她的随从面前。

"我要谢谢你让我们来拜访,"她说,"柏克对你的看法完全正确,这是一个很不平凡的班级。可是我要问你一些事情,请你诚实地回答我。"

"什么事?"

"你是个很有天分的老师,这点相信你知道。你为什么要把自己浪费在这里?"

"我不明白,你指的是什么?"

"在这里教这些永远都不会有机会的孩子。我刚才一直坐在那里看着你和那个自闭症男孩的互动,我不禁要想,这真是太让人沮丧了。你救不了他们其中任何一个的。你应该到大学去教书,或是到任何会让你真正有成就的地方去工作。你不应把你自己浪费在这个地方的。"

我没有回答。我相信,文明行为的衡量基础,往往是以一个人在行事上的自我约束力量,而非他做了些什么事。

轻声歌唱

> 这个世界上总不免有让人伤心的事情,为那些事情稍稍掉点眼泪并没有什么不对,它可以把你眼内的脏东西流出来。

五月是特别节目的月份:母亲节特别节目,五朔节特别节目,年终特别节目。整个学校如火如荼地举办着才艺表演,五年级学生要演话剧,幼儿园和一年级小朋友要为母亲们举办一场诗歌朗诵。过去几个月来,几十个小朋友头上戴着纸做的花不断穿梭在教室内外。

我们没有任何活动。前几年,我带门户独立班级时,我们一直都会为家长们举办表演节目。今年我没有办法策划任何活动,因为我只有四个孩子,其中两个不识字,一个无法讲话,还有一个大腹便便,我实在想不出能够为他们编排的角色。最后我决定不举办活动,因为没有时间、没有助手,也想不出点子。

三个孩子对此觉得无所谓,但萝莉很生气,这是可以预料的。如果她还在艾娜的班上,她少说也可以演一朵花和大家一起合唱。莉比已经把她的头饰带回家，也教会萝莉所有的歌词。萝莉不但逼我们得听她唱莉比教她的歌，更糟的是，她还占有了莉比的纸花。她的一意孤行惹得我火冒三丈，我告诉她，如果她想要回到艾娜的班上演一朵蠢花的话，尽管去，因为我们就是不办五月节目。这番话骂得她泪水直流、噘着嘴巴。我为自己的没有耐心感到内疚，想要向她道歉，但她根本听不进安慰的话。

这个问题并未就这样消失。某个星期五下午，我带了一把吉他到教室。我无意在教室演奏音乐，不过这把吉他倒是让萝莉想到了些什么。

"嘿，我想到我们可以做什么了，"萝莉说。她原本一直坐在我脚边的地上，这时突然兴奋地跳了起来，"我想到了，我想到了！我们可以参加才艺表演了，我们四个，你就负责弹吉他。"

我的肠子咕咕作响。我根本不懂表演，单单听到这个提议就已经把我吓坏了。

"哦，那是个笨主意，"汤玛索说，"我们该表演什么呢？"

"唱歌啊，笨蛋。"萝莉没好气地说。

"我不是笨蛋，你才是。如果你觉得我们将站到才艺表演台上唱歌的话，那你就是个疯子。首先，我们根本没有才艺。"

萝莉一脸气馁的表情。她悲伤的表情成功地软化了汤玛索。

"呃，这个主意或许也不是真的那么笨吧，只是有一点点笨罢了。"

萝莉坐了下来，双手托着下巴，沉默不语。

"萝莉，"我说，"我知道你真的想要做些什么。能够有表演节目是让人再兴奋不过的事情,可是现在我们根本无法进行。布只会唱一首歌,而且我也不觉得他会想要上台唱'宾果',而克劳蒂亚就快要生了,全部就只剩下汤玛索、你和我而已。"

"而且我绝对不加入!"汤玛索接着说。

"如果汤玛索不加入的话,那就只剩下你和我了,萝,这样的人数我想是无法表演的。再说,我的吉他又弹得不好,充其量也只能在我们教室里弹弹罢了。"

她依然低着头,噘着嘴,就是不愿屈服。"我唱得没有那么糟糕啊,"她喃喃地说,"问题是没有人愿意做呀。"她恨恨地瞪着:"而且我们还可以把纸花放在头发上。"

汤玛索扮了个鬼脸,却吃了我一个白眼。

"如果我愿意待在真正一年级的班级的话,我就有一个角色可以演。我会有自己的花和所有的东西,如果我愿意待在真正一年级的班级的话。"泪水突然毫无预警地滚落她的脸颊,"可是你让我来到这个笨孩子的班级,害我没有角色可以演,这全都是你的错。"她沮丧地颤抖着,转身踱到教室的另一角。在远处柜子旁,她双手掩面地靠着墙壁落泪。

我们全都吃惊地看着她,事情根本没有严重到让她如此伤心气愤的程度。尴尬的气氛让我们全都镇定了好一会儿。

那一定是很艰难的。艰难于当一个七岁大、却被编制在这么一个班级的孩子。艰难于想要和每个人一样,却永远不明白为什么就是做不到。我一直都低估了萝莉。我一直深信,只要我能够让她远离那些她能力不及的事情的压力,远离虐待与羞辱,就是她真正需要的。我错了,这并不是她最终所要的。虽然我的教室比较安全、轻松,但却非最优先的选择,而是第二个选择。如果她一直照着正规的方向走(如果她能够熬得过去的话),萝莉有可能就是一个"真正"的一年级学生,甚至连艾娜都值得去忍受了。我猜那才是事情原本应该发展的方向,正规成功地超越了身心障碍。她可以永远都不成长,需求越来越少。然而对我来说,那是痛苦的。我苦闷,因为知道我的工作就是让自己置身事外;我悲伤,因为明了身为永远无望的孩子的监督人,一如我的教室一样,我永远必须自愿被摆在最后面。

我拿起吉他拨了拨弦。汤玛索问,是否我们可以唱"他把世界捧在双手上"。汤玛索之所以喜欢这首歌,是因为他把班上每个小朋友的名字都编进了歌词里。

"他把小贝比捧在双手上。"我们唱着。

"他把你和我,兄弟,捧在双手上。"

萝莉带着一张梨花带泪的脸走回来,在我的脚旁坐下来。

"他把我们的小家伙,布,捧在双手上。"

汤玛索、克劳蒂亚和布手牵手,配合着音乐前前后后地摇摆起来。

"他把又大又壮的汤玛索捧在双手上。"

"他把我们的朋友捧在双手上。"

萝莉抬头看着我,淡淡地笑着,我也对她微笑。

"他把克劳蒂亚和她的贝比捧在双手上。"

"桃莉?"萝莉拉了拉我腿上的牛仔裤。

我停下手中的动作。

"我们可以唱'他把这个班级捧在双手上'吗?"

我点点头，又继续唱。歌词填得很棒，我们都很喜欢，于是又重新唱了一次。现在他们四个人手臂搭着手臂，随着音乐摆动。

我看着他们唱。布，不可能的，自闭的布，竟然变得和平日的他那么的不一样。萝莉，虽然还挂着两道干泪痕，但那双黑色的眼中映照着其他几个孩子的笑容。汤玛索，我爱他一如爱其他的孩子，唱起歌来一副痛苦的模样。克劳蒂亚，害羞、热诚、不快乐、身怀六甲的克劳蒂亚。在我的眼中，他们是如此的美丽，言语难以形容的美丽。

出其不意地，泪水模糊了我的视线。他们是如此的美丽，我却如此的无助，而要做的事情又如此的多。也许这个世界就是这样吧。也许就算我能够有充足的助手，有永恒的时间，有一个大学学者，对布和萝莉而言，甚至对汤玛索或克劳蒂亚而言，也可能永远都是不够的。我想我了解这一点。不过没有关系。不管亚莉亚妮·布恩怎么想都没有关系，这几个孩子对我而言就是全世界。当我弹着吉他看着他们时，我被征服了。我只为一天中的这些时刻工作，为人类的这些残忍的美丽而工作，对我而言已足够，那正是我要的。我从不担心我的未来，但是他们，他们应该得到更多。我心中难过，因为我很清楚我永远无力给他们。

有时候，这种事情就是难免会发生。我尽可能避免去想它，但是总是会有那么片刻的时间，它就那样悄悄占据、粉碎我的心。我唱不下去了。

萝莉站起来碰了碰我的手臂："你怎么哭了，桃莉？"

"我没有哭，亲爱的，我只是眼睛刺痛。"

她摇摇头："不，老师，你在哭。怎么了？"

我微微一笑:"我很难过,因为你不能上一年级的课程。你应该上的,我真希望我可以想到办法让你去上。"

"哦,桃莉,别为那个难过,我并没有觉得那么糟糕,真的。那不是那么重要,我真的不在乎。"

"不对,你在乎的,萝,我也在乎。这个世界上总不免有让人伤心的事情,为那些事情稍稍掉点眼泪并没有什么不对,它可以把你眼内的脏东西流出来。"

汤玛索不耐烦地对我们拍拍手:"哦,拜托,你们两个。我们继续唱吧,要不然我的眼睛里的脏东西就要流出来了。"

31

颠覆以往的疯狂

> 经过这么多个月、这么多时间的投入,此刻的他却疯狂一如以往。我实在想不通上帝到底在玩什么游戏,为什么我就是没有办法抓到那个游戏规则。

伴随五月份而来的是气温的上升。我们的教室正好位在整排建筑物的西边,到了下午时分就变得温热得令人不舒服。外面的气候真的很棒,我曾几次带着孩子们到操场远处的树荫下上课。

克劳蒂亚和布一起做着一份教室带来的教材。萝莉把我们抛得远远的,忙着抓菠菜叶上的虫子。汤玛索则大声地念着他的阅读本给我听。

我置身在五月的温暖阳光下,疲弱的冬季已从我的骨子里渐渐飘散。我情不自禁地踢掉脚上的凉鞋,并闭上双眼。布似乎还需要用到其他的教材,所以克劳蒂亚带他进教室去。

"我抓到十二只虫子。"萝莉宣称。

"哪一种虫子?"我问。

"我不知道。菠菜虫子吧,我猜。"

"让我看看。"汤玛索说。

"哦,不,你不要看。先把你的书读完吧。"我用一根脚趾踢了踢他。

"我只是想要看看它们而已。"

"等到我觉得你念够了时才给你看。现在念吧。"

"我也这样觉得。"萝莉说。

"一个鼻孔出气。"汤玛索说,并把已经合上的书本打开。

"我会把虫子留下来给你的,汤姆。"萝莉说,"我可不可以去拿个瓶子来装它们呢,桃莉?"

"当然可以。顺便看看布和克劳蒂亚在干什么,他们已经去很久了。"

"好的。"萝莉转身跑开,留下汤玛索和我两人在操场的草地上。

我再次躺在草地上并合上眼睛。汤玛索的声音中带着轻微的焦躁,好似迫不及待要去做某件事情似的。他的鞋子轻轻地触着我光凉的脚底。

"桃莉!桃莉,快来!"萝莉正越过操场朝我们奔来,"救命!布出事了。"

我一跃而起,拔腿飞奔,汤玛索紧跟在后面。"怎么回事?"我问,此时已冲向门口。

"我不知道!"萝莉哭了起来。

布和克劳蒂亚就在教室里。工人在上个星期已开始在学校天花板上安装绝缘体,那是迫使我移师到外面上课的另一个主要原因,因为实在吵得无法上课。很显然地,他们看到教室空无一人,必定以为这间教室没有人在使用，所以才会有那么一大片的纤维玻璃绝缘体斜靠在水槽旁的柜子上。靠着柜子的那一面玻璃是光滑面，对着外面的是粗糙面，玻璃的正上方就是我们灯光的位置。

布就站在玻璃的前面，他的双手一如以往地猛拍着。他的身体因极度兴奋而颤抖，他的头有节奏地前后晃动着，有如一条随着笛音起舞的蛇。然后我注意到，当他的手不拍时，他会握住他外露的上臂，用指甲往下抓，两个手臂满是抓痕。

克劳蒂亚的脸害怕地紧绷着："我不知道该怎么办，他无缘无故地开始那样乱抓，每次我想过去拉他，他就尖叫，好像根本不认识我一样。"

"布！"我镇定地喊他，"布！"

没有回应，他完全沉醉在自我世界中，我的声音无法分散他的专注，他只活在玻璃所反射出来的身影中。我看到他举起手，抓了一大把自己的头发，大叫一声，用力将头发往上拔。

我向前抓住他的肩膀。那是一个错误的举动，布更飘离了现实世界，我的碰触让他的身体歇斯底里地颤抖着，然后放声尖叫。他不停地拔着头发，一撮撮的头发接续地落下。不拔头发的时候，他猛烈地拍着手，头前前后后地晃着，好像脖子上没有肌肉一样。

"布！"我不知道是否该去追他。一方面，我担心如果不去追他，他会做出比拔头发更严重的行为来伤害自己；另一方面，我知道如果去追他的话，他会完全灵魂出窍。我转身，把站在门口的萝莉和汤玛索抓进教室。数月来第一次，我把所有的链锁门闩全部扣上。

布横冲直撞，疯狂般地尖叫。然后他开始脱掉身上的衣服，接着是鞋子、袜子、裤子。他的动作不似以前那样的熟练精确，而是撕抓，动作残暴一如拔头发。短短几秒钟，他便脱得只剩他的训练裤，它的强力弹性让他撕不开。他狂野乱奔，我们抓不着他。

"哦哦哦。"我听到身后的萝莉难过地低语着。她精确地捕捉到我的感受，我原以为布已经改善很多了，然而此刻在我眼前狂奔的他，却比以前任何时候都还严重。

我小心翼翼地走到教室的中央，不偏不倚地站在他冲过来的方向，他改变方向想要躲过我。经过外头的人要是听到他的尖叫声，一定会以为里面有受伤的野生动物。

就在他从那片玻璃前经过时，他突然停下脚步，将双手举到齐耳高度，开始弹手指。然后，他再次前前后后地摇晃着，完全被某种我们所不知道的东西迷惑了。

他的号叫声停止了。

看着布是件恐怖的事。也许这种恐惧的产生，是因为这个在这么多个月的改善之后的改变是如此的突然；他的行为是那么不同于以前的任何行为。他完完全全变成一个陌生人。当他站在那块玻璃前一动也不动的时候，我试着安抚他的情绪，但一声令人血脉喷张的尖叫声后，他一脸惊恐地拔腿从我身边闪过，好似我要杀了他一样。

其他三个孩子害怕地聚靠在门板上，个个吓得瞠目结舌，眼中充满恐惧。我要汤玛索打开上方的灯，以便随时应付布的歇斯底里。只是如此一来，却让整个教室的气氛变得更诡异。

布跑到教室窗户附近，突然又停了下来。他双手掩脸，呜呜哀嚎，哭声变得粗哑。然后他用指甲抵着脸颊，用力地往下抓，脸上瞬时出现一道道长长的血红抓痕。他一次又一次地抓着脸颊，血随着他的手指顺渗而下。

萝莉被这一幕吓得惊声尖叫。我朝布跑过去，但还来不及靠近，他又拔腿飞奔，一边跑，手还是一边抓着脸，现在更是疯狂地挖着皮肤和拔头发。

"布！布，过来这里。拜托，过来这里。"

可是我没有办法让他脱离他自己。

汤玛索是第一个采取行动的人。他挺身站出来，张开双臂想要拦住布的去路。血液从头上流过眼睛进而滴到胸膛的布，闪过汤玛索，但我就站在另一边，我们两人把布围起来，慢慢地缩小空间。最后，我一把抓住布的手臂，将他拉向我。

我们两人跌成一堆，布和我。我依然无法驱逐他身上的恶魔，他奋力地想要挣脱。一只手抓过我的脸颊，我不知道滴下来的血液是我的还是他的。趁着我检查那个血液时，他狠狠地咬我的手臂。终于，我把他紧紧地箍在怀中，让他无法动弹。

我们坐着，其他三个孩子默默地看着我们。克劳蒂亚和萝莉还在哭，汤玛索则是一脸苍白、阴郁。

我们坐着，布依然挣扎着。不论他努力想从他自己身上撕裂的是什么，他依然不愿放弃。

我们坐着。

布不再挣扎，可是我还是可以感觉到他身体的僵硬与紧绷。我没有放手。

淹没了我的沮丧实非言语能够形容。经过这么多个月、这么多时间的投入,此刻的他却疯狂一如以往。我实在想不通上帝到底在玩什么游戏,为什么我就是没有办法抓到那个游戏规则。

终于,我放开了布。他已经恢复正常,我们继续下午尚未进行完的活动。汤玛索和萝莉合力把那块绝缘体拉到走道上,然后把先前打开的灯关掉。我带着布到女生厕所,洗掉他脸上和头发上的脏血。我们活像两个战士,两人的脸上都留下无数道他的指甲抓痕。

当他的母亲来接他放学时,发现他一身的衣服凌乱不整。我尽自己所能地向她解释详细的事件过程,她含着泪水带他离开。

对这整件事情最难过的莫过于克劳蒂亚,整个下午她就是没办法控制自己的眼泪,她觉得布会变成这样都是她的错。她不停地告诉我,她原本可以阻止他,不让他变成那个样子。我再多的保证都减轻不了她的自责。和她谈话让我体认到,在她安静热诚的表面下,她其实早已深深爱着布,她投注在他身上的精神远比我所了解的还要深,发生这种事情简直伤透了她的心。

我答应克劳蒂亚,让她放学后留下来帮我做一些杂事,我想等到她的情绪恢复正常后再送她回家。我们坐在工作桌前,刻着一些装饰布告栏的东西。

"他为什么会那样呢?"她问我,"我带他进来的时候他还好好的,真的。我们一起进浴室,然后来到这里拿我的毛线衣。就那样。"

我点点头:"这件事情和你没有关系。我不知道是什么让他变成那个样子,也许只是他看到玻璃中的自己吧。"

"可是为什么呢?"

"因为他就是那个样子。"

"他会变得不一样吗?"

我耸了耸一边肩膀:"我不知道,也许不会太多吧。"

她注视着我,紧张消失了:"你怎么能够忍受这里的一切?我做不到,我知道我永远无法一整天待在这里,却可以不在乎这一切。"

我抬头望着她:"我真的在乎的,这点是毫无疑问的。我在乎自己,在乎布。我们都是。日复一日,日子就是这样过,克劳蒂亚。我在乎每一天的点点滴滴。"她摇摇头,用指尖画着桌面:"你教过的孩子都是这样吗?像布这样?"

我听不懂她的问题。

"他们是不是都有哪里不对劲儿?在身体里面某个你看不到的地方?就连萝莉和汤玛索也不例外?你的孩子都像那样吗?"

我摸着嘴唇思考着这个问题。

"他们是疯子,对不对?"她淡淡地问,没有毁谤的语气,"我爹地曾经告诉我,说这是一个专收疯小孩儿的班级。在他们在你长大而不得不把你锁起来之前,他们会把你送来这个地方。那是真的,对不对?"

"我猜是吧。如果你一定要这样说的话,我也不反对。"

"那和我原先所想的不一样。我一直以为疯子都是坏人,所以连想到疯子都会害怕。可是事实并不是那样,对不对?布一点都不坏,汤姆或萝莉也一样。"

"不是的,他们不是坏人。"

"可是他们也不是好人,对不对?否则其他人就不会那么怕他们了。"

"世界上没有所谓的好人或坏人,克劳蒂亚,那些都只是文字用词罢了。"

她注视着我的脸,眼神锁着我,仔仔细细地看着我:"没有人会真的不一样,是不是?我们其实都差不多。"

我们一起默默地做事做了好一会儿,十五或二十分钟过去了,谁也没有开口说话。

"克劳蒂亚,还记得很久以前我们谈到你的孩子的事吗?关于你打算怎么处理它的事?"

她抬起头:"记得。"

"我还是很担心。"

"你不必担心。"

"我知道我没有必要担心,但我就是担心。我不要你的孩子最后也被送到这里,在这个班级里和我在一起。"

她皱了皱额头:"他不会的。"

"所有的妈妈都这样认为,就连布的妈妈也不例外,因为她们爱自己的孩子。可是有时候当大人的生活失去控制时,小孩就会受到伤害。"

"那种事情不会发生在我身上的。"

"萝莉的父母也是这样认为。结果有一个晚上……呃,没有人会觉得事情会发生在他们身上。还有汤姆和他死去的父亲,还有今天下午的布。我不愿在这里看到你的孩子,克劳蒂亚。有时候,当我想到所有你还没有准备好要面对的事情时,我就会很担心。"

"呃,不要担心。"

"那正是我要说的。这个话题就到此为止,以后我再也不会拿这个问题来烦你。"

克劳蒂亚站了起来,走到我身后的窗前。我转过身,在她的身体后面,我看到汤玛索的阅读课本就在草地上,还有我的凉鞋,书本上覆盖着树上飘下来的花瓣。

"有时候,"她说,"我觉得自己很老,老得像一个老祖母,我的心因此而疲惫不堪。"

32

规划未来

> 我们还学不会包容人、事、物，因为我们不懂得同情。

该是决定安排孩子们下学年去处的时候了。虽然我还会在这个学校执教，但将被调回去接全天的资源班级。传言指出，这个区将考虑重新开几个更全天性的特教班，只是我并没有看到他们在征求相关人员，也没有被邀请加入。

克劳蒂亚在这个部分没有问题。她可以以七年级程度回去先前那所教会学校就读，我只需把她的升级成绩记录送过去，他们会视情况将她安插到适合她就读的班级。基本上，我觉得那样的结果很好。就算她是我的正式学生，我也会要她回到正规课程求学。

汤玛索也一样，我也希望能安排他到一个正规班级上课。下学年他可以加入五年级的班级，我觉得他已准备好像其他的孩子一样正常地上下课。虽然他的脾气比较不好，却的确是一个温暖、感情丰富又活泼外向的男孩。他的愤怒依旧藏匿在内心的某些地方，但他已越来越能妥善地处理自己的脾气。此时汤玛索最需要的，是一位十一岁的男伴，而这是我能力所不及的地方。在与柏克讨论安置问题后，我们决定把他送回他的母校就读，一来省得他舟车往返，二来方便他就近结交朋友。那个学校的资源教师能力很好，我们十分确定在他的协助下，汤玛索应该可以成功地重新融入正常世界。

让我比较不确定的是布。他绝对不可以进入一个比目前这个下午班还不严格的班级，他需要一个专门教导自闭儿童的全天性班级，一个必须有充足师资、着重语言及求生技巧教学的班级。我还知道他需要一个暑假课程。对于像布这类的男孩，是没有暑假可言的。

不幸的是，这个社区并没有这样的学校让布就读。原本我们有针对自闭儿童设计适当课程的方案，但是，在基金被切断后，主流系统进来，这个方案就被腰斩了。原本在那个课程方案中的自闭儿童，两个被转进规划有额外协助的正规体制中；两个被转到私立学校；一个在贝姬班上；还有一个转到外区就读。

布的双亲也一样非常担心儿子的安置问题。然后在月中的时候，法兰克林太太来电告诉我，说她已经在附近的社区找到一所小型私立学校。我做了一番调查，发现在这个社区有不少孩子就读那所不太为人所知的宗教学校。由于当局对公立学校特殊教育方案政策的改变，这所私立宗教学校决定在他们其中一家分校开设特殊教育班，招收年纪较大的失调孩子。经过一年的经营，他们决定再开设一班较多元性的特教班级，对象包括自闭类型的儿童。这个班级有两位年轻又热诚的老师，教室宽大又明亮，设备齐全，助理则全都由家长亲自上阵。

法兰克林夫妇、柏克和我开了一次会议讨论这件事。我要他们注意,进入那个班级后,布是在非自愿的情况下接受宗教训练,更因为家长本身就是非教徒,因此布没有资格得到奖学金,这也就是说,法兰克林夫妇必须自行负担一切费用。是的,他们知道。省吃俭用一点,他们可以负担得起这个费用的。至于宗教训练方面,他们觉得如果布能够懂得学校传布的宗教,那也是件好事。

萝莉还没有安置上的问题。由于她的名字还隶属在艾娜班级下,安置的责任并不在我身上。事情似乎都有了眉目,我也就不再那么担心了。我猜想,下个学年萝莉将会顺利升上二年级,而且会继续和我共度时光。二年级的两位老师都很棒,其中年纪比较大的那位女老师从事教职多年,是一位十分优秀的老师。我迫不及待地想要和她一起计划萝莉未来的课程。

放学后,正当我、比莉以及一位六年级老师在教师休息室里聊天时,丹走了进来。他从架上拿下他的杯子,装满咖啡,走回来,把我放在沙发上的教师日志推开,然后在我的旁边坐下来。

"嘿,丹,"我说,"我们何时开会讨论萝莉·史乔汉下个学年的安置问题?我一直在思考这件事。我觉得艾拉·马提森会是理想的人选。就我现在的课程安排看起来,我可以给萝莉三个小时的密集资源协助,其他的时间可以由艾拉来带她,你觉得如何?"

丹专注地瞪着他的咖啡,好似一个正在解读茶叶的算命师,没有理睬我。

"你不觉得艾拉是个很理想的人选吗?玛格莉似乎没法像艾拉教得那么好。艾拉所带的孩子似乎都很有神采,我想萝莉在她的教导下必定能够获益匪浅。"

丹的脸渐渐转红。

"可是如果你不要艾拉……呃，我绝对不在意跟玛格莉合作。她的教学真的很灵活，我猜那也许也会对萝莉很有帮助。很有帮助，我确定……"

丹抬起头："我们要留下萝莉·史乔汉。"

"什么？"

丹扭了扭头："走吧，我们到外面去。"

我们走到了我的教室外面的走廊上，我一时沉默不语。走进教室，丹牢牢地关上门。

"你到底在说什么，你要留下萝莉？我们甚至都还没有开会讨论，不是吗？"

丹颓坐在一张椅子上："我一直想要找机会告诉你……"

"然后呢？"

"我们开了一个会，艾娜、萝莉的父亲和我。我们决定留下她，因为我们实在想不出其他更好的办法。一年级的科目她都还没有学会，我们不可能让她升上二年级的。"

我无言以对。

丹举起一只手："现在，在你发脾气之前，请你仔细想想，我们还能做些什么呢？"

"这一切都是邪恶的诡计！你们背着我进行这件事，你知道我不可能同意的。"

"她的父亲已经同意了，桃莉，他也觉得那样的决定是正确的。"

"丹，我们不能这样做，"我说，"我们就是不能这样做。"

他看也不看我一眼。

"她已经七岁，到了九月份就满八岁了。她已经是个大女孩；这一年她就像一根杂草一样地成长，已经超过一年级半个头了。"

"可是她不懂阅读技巧啊，桃莉，我们不可以把那样的负担加诸在艾拉或玛格莉肩上。"

"那我们就可以加诸在萝莉身上吗？这个小女孩已经被我们愚蠢的主张夺去了半条命，她已经在升级上跌倒一次了，我们怎可狠心地让她再次跌倒呢？这个孩子是有生理上的无能，你可以因此而一直把她留级，一直留到她白发苍苍。但是，只怕到那个时候她还是没办法学会阅读。"

丹低着头："桃莉，不要再为难我了。"

"我无意为难你，我只是要你了解罢了。你内心深处一定知道这样的决定是一个多么大的错误，丹，但你没有起身为萝莉争取利益，反而畏缩妥协。你跟着落井下石，只因为这个女孩不一样，而且我们又无法教她，所以你就顺大家的意推她一把。你那些借口根本都是胡诌。"

"可是她是真的不一样呀。"

"是的，你说得一点都没错。可是我们被她掐住脖子了，对不对？所以这时候不是开始适应她的残缺的最佳时刻吗？看看五年级那个眼睛几乎快看不见的女学生，她不论看什么东西都要用放大镜才行。难道萝莉就真的那么不一样吗？"

"可是萝莉学不会，而那个女孩可以呀。"

"萝莉可以学会的，实际上是我们没有教她。为何我们不现在就开始设计她的阅读教材呢？我们可以不必让她做考卷，改用口头方式来考她。萝莉不是聋子，她只是有点能力不足罢了。除非她的老师可以一天二十四小时、夜以继日地教她，否则单单一年级这一个学年是无法改善她的状况的。"

这番话其实无济于事，因为一切都已成定局。萝莉最大的不该，就是不该拥有这样一个无法丑化她的生理残缺。我们还学不会包容人、事、物，因为我们不懂得同情。

丹拍了拍手并摇着头："我很抱歉，很抱歉这件事情让你这么难过，但我不会和你再多争论。艾娜、史乔汉先生和我已经讨论过这件事，也一起做了决定，觉得再读一次一年级对萝莉是最好的。这是共识，艾娜和萝莉的父亲，还有我。"

我瞪着他。我真想恨他，就像四月份我恨艾娜一样地恨他。我脑中一片空白，已经累得不想再争辩下去了。

"艾娜一定是最后那个开怀大笑的人，对不对？过去你一直让我觉得不让萝莉上一年级的课程是正确的做法，而且你也一直都知道艾娜手上握有王牌。你根本就是在耍我。"

"拜托，桃莉，你知道事情不是那样的。"

"我希望那个笑声值得这一切的代价。"

我们之间陷入僵持的沉默。我想丹一定觉得我会进一步抗议，他蜷缩着背坐在椅子上，准备面对我最恶劣的攻击。我没有再说话，我已经不想再抗争，因为我从他的眼神中看到，这次我绝不可能战胜的。已成定局了，我还有什么好说的。

我转身，望着布告栏上的那个花园，看着萝莉曾经藏身底下的那个美劳柜,然后望向窗户,我的心一片空白。然后我回过身来。

"她知道吗?"

丹耸耸肩:"我不知道,我想应该不知道吧。"

"你可别期待我会去告诉她。我不会的,脏事你自己去揽下吧。"

我带着极度沮丧的心情下班回家。经历了先前这所有不愉快的事情后,我真的提不起任何勇气再去抗争一次。我不是一个天生的斗士,却是一个需要这份工作的人。

自从乔克离开后,我第一次这么想念他。需要有个人可以依靠、有个人在身边的感觉如此的强烈,我忍不住地掉下眼泪。我怕死了"坚强"这个名词。乔克离开后,我没有掉过一滴眼泪,此刻我却趴在厨房桌子上放声大哭。

最难熬的时刻是第二天我看到萝莉的时候,她还不知道。看着她愉快地拿出她的功课,我绞尽脑汁地想着减轻她未来痛苦的方法。

那天下午,我有了一个计划。

"萝莉,过来这里,"我说。其他三个孩子做着他们各自的作业,萝莉原本和汤玛索在一起,这时她起身朝着我的工作桌走来,并拉了一张椅子坐下来。"今天我们要做点不一样的,你和我。"

"是什么呢?"她左右摆动着身体。

我把一本书放在桌上:"我们今天要来读书。"

她的眼睛睁得很大,泪水立刻聚集并滚下她的脸颊:"我不要做。"

"萝，萝，萝，现在别哭了。"我说，伸过手去捧住她的脸。

"我没办法。"

"嘿，别哭了，我不会逼你做任何你没有办法做的事情。"

她大声地吸了吸鼻子。

"就我们两人，萝，你和我，我会设一个范围，但绝对不会逼你做你做不到的事。当你做不来时，我们就一起做。如果我们两人一起还是做不来的时候，就不要做。"

我的手依然捧着她的脸，她的泪水还是不停地流着。我可以感觉到手指下的她颤抖着："别哭，萝。"

"可是我害怕啊，我会搞砸的。我知道我会的。"

"不，你不会的。我已经告诉过你，我不会让你做你做不到的事情。就像你学脚踏车时，有人会抓着车子，直到你能够自己踩踏板时才放手。我也会紧紧抓着你，而且就像我说的，如果我们都做不到的话，那就不要做。"

"可是，桃莉，我没办法读啊。"

我微微笑着："嗯，我可以呀。"

我把书放在桌上，萝莉斜眼看着它。那是迪克和珍的漫画故事，虽是一九五六年出版的旧书，不过却正好是我需要的。文字不是很多，故事中还穿插着许多图画。我对萝莉介绍了故事中的小孩们，迪克、珍和婴儿莎莉。但她仍然不太相信我，依然睁着怀疑的大眼睛，眼中依旧闪着欲滴的泪珠。一有机会就偷偷地瞄着那本书的封面，但就是不愿碰它。

"你一定没有读过这本书,书名叫'我们等着瞧'。"我指着它,并翻开封面,"坐过来这里,我们一起来读。"

萝莉起身走到我身边。我让她坐到我腿上,把书立在我们前面。我让她看第一张图画。图画上,莎莉脱掉她的白色短鞋,套上她父亲那双巨大的雨鞋。图画的下面写着"看",我指着那个字,"这个字念'看'。"

"看。"萝莉细细地说。

我翻到下一页,莎莉和迪克在户外。迪克正抓着水管喷水,莎莉则穿着爸爸的大雨鞋走了过来。"看,看。"图片下方写着。显然是莎莉叫哥哥看她,"看到了没有,这个字和刚刚看过的那一张完全一样。记得那是什么字吗?"

"看。"萝莉说。

"答对了。你看,她说了两次。'看,看。'莎莉要她哥哥看她穿着爸爸的雨鞋。"

"看这里,"萝莉宣称,"你看她的下场,她的脚掉出雨鞋外面了。哦……她的脚就要踩到水了。"她转过头来望着我,脸上闪烁着微笑,"她的爹地这下可要气炸了,对不对?"

"我打赌一定会,"我同意道,"你看,这是莎莉说的话。她吓了一跳并说,'哦,哦,哦。'这个字就念'哦',你能念一次吗?"

"哦,哦,哦。"

"很好,你做得很好。现在让我们来看看他们在下一页会发生什么事。"故事的最后一页。迪克看到他的妹妹有麻烦了,所以就开着他的红色小车子来到她的后面。莎莉跌到车子里面,他们终于平安无事地度过这一天。图片的下方写着:"哦,哦。哦,看。"虽然这不是诺贝尔文学奖作品,但萝莉却很喜欢,她高兴得直拍手。

"好了,女童军,现在让我们从头开始念一次。你和我一起念。"我翻到第一页,"看。"我们齐声念着。

翻到下一页,"看,看。"第三页,"哦,哦,哦。"

最后一页,"哦,哦。哦,看。"故事结束。

"现在,"我说,"我要你自己试试看。仔细地把字看清楚,比较长的那个念'看',比较短的那个字念'哦'。准备好了吗?"

萝莉点点头,紧紧地握着书本。她深呼吸,又深呼吸。"看。"她粗哑着声音说。

"太棒了!下一页。"

"看,看。"翻到下一页时她有些犹豫。

"看看莎莉,萝。她发生了什么事?她说了些什么?"

"哦?"

"完全正确!她一共说了几次呢?"

"哦,哦,哦。"

"太棒了!"我帮她翻到最后一页。

"哦,哦,"萝莉立刻说,"哦……"沉默好久。

"另一个字是什么?"

"看。哦,哦。哦,看。"

我握着她的下巴,将她的脸转过来看着我:"你可知你刚刚做了什么吗,萝莉·史乔汉?"

她睁大双眼。

"你读了那篇故事,不是吗?"

掩饰不住的微笑在她脸上漾开来。

"你自己把故事读完了耶,你就像其他人一样拿起那本书就念了起来。真不是盖的。"

"我会读了耶,"她不敢置信地细声说,然后再次抓过书本,"我要再做一次。看着我,桃。我要没有错误地再做一次。看着我。"

她翻到第一页。准备的时间很长,不停地深呼吸。"看。"她大声宣告着,并微笑着回头看我一眼。然后她翻到下一页:"看,看。哦,哦,哦。"再翻到下一页:"哦,哦。哦,看。"她回头望着我:"我做到了!我成功了!"

我还来不及阻止,她已从我腿上跳下:"嘿,各位。嘿,汤玛索!克劳蒂亚!听着!我能够读书了!听我说,过来这里看着我。我能够读书了!"她高举着那本书朝他们跑过去,对着他们读那篇故事,一遍又一遍地。

我坐在椅子上看着她。我觉得那其实还谈不上阅读,不是真正的阅读。这个故事前后总共就只有两个字,记得住两个字并不是什么了不起的事。同时我也不禁怀疑,如果换成另外一本书,遇到同样那两个字时,她是否还依然念得出来。不过那并不重要,现在不重要。重要的是,这个七岁的小女孩兴高采烈地挥着书本,对着她那一班同学念着书中的故事。对于她的未来会有什么发展,我觉得我已把我最好的给她了。再也没有人敢说她不会阅读了,她现在可以证明他们是错的,她再也不用被别人排挤了。萝莉·史乔汉能够读书了。

33

离别

> 我不懂人们何必去在乎任何事情,因为到最后你所得到的只是伤害。

真是疯狂的一周。萝莉完全陶醉在她的成功里,她怎么都不愿意放下那本书,她一定要把它带回家念给她的父亲和莉比听,她一定要念给早上的每一个资源学生听,甚至还一定要念给艾娜听。对汤玛索、克劳蒂亚、布和我而言,必须一次又一次地听她念同样的故事,这简直让我们快要发狂了。曾有几天,当我在教室中专注于其他事情时,汤玛索会走到我的身后,悄声地附在我的耳际说:"看,看。哦,哦,哦。"总是惹得我很想揍他。

在内心深处,我无时无刻不在担心萝莉被留级的问题。我拒绝让这个问题削弱我们高涨的士气,但我又忍不住每天焦虑地搜索着萝莉的脸,看看她父亲是否已把决定告诉她。我只希望当她听到这个决定的时候,她从那本书上得到的荣耀能够给她支撑下去的勇气。

当周星期五是我的生日，我告诉孩子们我会带蛋糕来。我规划一个类似"生日快乐／阅读庆祝宴会"。

星期四，新的兴奋。汤玛索气喘吁吁地跑进来："你们猜我发生什么事！"

"我要搬家了！"他站在门口处对我吼着，然后蹦蹦跳跳地来到工作桌前，把我正在批改的作业打落在我的腿上。

"真的吗？"

"没错，我的舅舅要来接我，要带我回去德州。"

其他几个孩子都围了过来。

"就是那个以前和你住在一起的那个吗？"我怀疑地问，脑海中浮现孩子被奴役、虐待及遗弃的画面。

"不是！这是我的艾亚格舅舅，我妈妈的弟弟。他要来带我去和他住在一起，我将会有一个真正的家庭！太棒了！再也不要住寄宿家庭了。"汤玛索兴奋地跳到桌上。

"汤玛索，那真的太棒了。"

"你替我感到高兴吗？"

"当然。"

萝莉打了一下他的脚："我不高兴。"

"萝莉！"我惊讶地喊着，"这对汤玛索来说是件很棒的事。"

"可是我不要他离开嘛。"她嘟着下唇，"我要你留在这里，汤玛索。"

汤玛索的情绪已经兴奋得不在乎她说些什么了。他还是高踞在桌面上，将铅笔抛到空中，并试着接住它们。"现在，明天我们就要举行一个生日、快乐、阅读、庆祝、告别宴会了，对不对？一个为我举办的告别宴会！"

彩带、气球把教室妆点得美轮美奂，每个人头上都戴着尖帽子。我的蛋糕就放在桌子上。史乔汉先生送来一盘杏仁巧克力饼，萝莉骄傲地宣称那是她帮忙做的。

法兰克林太太送来柳橙汁。克劳蒂亚打开音响，让音乐助长气氛。我们打算这个下午不谈功课的事情，只开宴会。

蛋糕和果汁吃喝了一半后，我到处检查了一遍，看看是否遗漏了些什么。不见汤玛索在教室里。

"汤姆呢？"我问克劳蒂亚，她就坐在音响旁的椅子上。

"我不知道，一分钟前他还在这里。"

"嘿，萝。"她和布在教室中央随着音乐好玩地跳着舞。"你知道汤玛索到哪里去了吗？"

"知道，"她高喊着以压过音乐声，"他在柜子里。"

"你说什么？什么柜子？你到底在说什么？"

她停下舞步："在柜子里。可是你最好不要去打扰他，他在哭。"

我注视着她。布拉着她，要她继续陪他跳舞。"他为什么哭，萝？"

"他已经开始感到孤独了，因为要离开我们。"

我走到衣柜前，说它是这一年来我这班孩子的最佳藏身处真是再贴切不过了。这个也许不到三尺深的小小柜子，原本是供老师放置外套和皮靴的，没想到还另有功能。我小心地稍稍拉开柜子门，汤玛索缩坐在柜子底，脸埋在双膝间。我探身进去："汤玛索，怎么了？"

"没事。别烦我，走开。"

我看着他："好吧。"我缩回身子。

"呃……"他喃喃自语并抬起头来,"我并不是真的想要离开。"

"哦,没有关系的。"我跪下来。门还是只开一个小缝。光线照到他的脸上,但里头依然一片漆黑,"你是不是有点希望不要走呢?"

他点点头。

"要到一个新地方会让人感到很害怕,是不是?"

"我不要走,我要留在这里。"

"你现在有那样的感觉是很正常的。"

"我从来就没有要离开的意思,但是我的社工人员说我必须那样。她说他是我的亲属,他的申请已经获准了。可是我真的不想离开,我根本就不认识他,以前也从没有看到过他。我要留在这里和我的养父母在一起,要来这个班级上课。我厌烦了老是在搬家。"

"呃,改变总是让人很难适应的。"

"我不要离开!我要留在这里。可是我们这些孩子,我们又没有权利。他们要我们去哪里,我们就得去哪里。那些可恶的混蛋,等我长大了,我要把他们的脑袋一个个轰掉。"

我从门缝中伸进一只手,他握着我的手,然后又开始哭了起来,哭得很大声。他把我的手压在他湿润的脸颊上。因为膝盖跪得很酸痛,我干脆换个姿势,坐在地上,一手在柜子里,一边看着其他几个孩子玩耍。

"我找不出任何努力下去的理由,"汤玛索透过门缝喃喃地说,"如果他们要逼我离开的话,那我实在找不出任何应该好好表现的理由。现在不论我表现得有多好,其实都已经不重要了。"

我转头看着他:"当然重要,汤玛索。对我很重要,对我们都很重要，我们都很在乎你在这个班级里的努力表现。我们都很在乎。"

"我不懂人们何必去在乎任何事情，因为到最后你所得到的只是伤害。你所做的一切就是要让我喜欢你，可是现在我宁愿我没有喜欢你，因为我不要想念你，不要一辈子都在想念人。我再也不要喜欢任何人了。"

"你说得没错，那的确会让人受伤。爱人到头来总会受伤，我想那是人生不可避免的一部分。"

"伤害太深了，不值得的。如果我再也不喜欢任何人，我就再也不用担心了。"他说。我看着蜷缩在柜子底的他："没错，汤姆，这个你又说对了。如果你永远不去爱人的话，你的心就永远不会受伤。可是汤姆，心存在的意义不应该是那样的。"他再次融化在泪水里。他年纪还太小，无法要求他了解我话中的意思。我静静地关上柜门，起身和其他几个孩子一起玩。

宴会继续进行，汤玛索继续待在柜中。稍后我注意到萝莉在柜子前，正透过小小的门缝和他讲话。几分钟后她回到我身边。

"汤玛索要你告诉大家，他没有哭。"她说。

"什么？"

她对我的反应迟钝皱了皱鼻子。"过来。"她把我往下拉，与她齐高，然后对我咬耳朵："我想他是不好意思。他要你告诉大家，他并没有真的在哭。"

我照着她的话做。

汤玛索红着眼睛从柜子里钻出来："你们有没有帮我留蛋糕？我想要吃蛋糕，你们该不会把它吃光了吧？"

"没有,我们没有,柜台上还有一些。"

他走向柜台,走了一半,停下脚步,转过身,望着我:"桃莉?"

"什么事?"

"生日快乐。"

宴会结束。汤玛索清理完他的小柜子后,大家轮流和他握手并拍拍他的背。我们突然都害羞了起来,不好意思地和他拥抱,就连萝莉也不例外。等到大家都回家后,我陪着汤玛索去等他的公车。

"我父亲会来接我的。"他说。

我看着他。

"他会从西班牙回来,而且今晚就会来接我。他会带我去和他一起住。"

我点点头。我们一起站在学校角落等公车,风徐徐吹着,有种山雨欲来的感觉。"我们会一起住在西班牙,他和我。他有一栋房和所有的东西,到时候我会有自己的房间。而且他会教我怎么斗牛,以后当一个斗牛士。这也许是我上的最后一所学校。和我爸爸一起住一直都是我的心愿,现在这个心愿就要实现了。"

他望着我:"我真的很快乐。"

"我知道你是,汤姆。"我说,并用手指梳了梳他的头发。

"我要去和我爸一起住。"

看着天空高叠的厚厚云层,不知道公车是否赶得及在下雨之前出现,否则我们就要被淋成落汤鸡了。我可以感觉到我的心在刺痛。

"桃莉?"他拉了拉我的手臂,"我要去和我爸一起住。"

我转头看着他，内心沉重得无法动弹。

"不，我不会的，"他低声说，"我很清楚。我会去和我艾亚格舅舅住，我将永远不会和我爸一起住。"他一手抓着他的东西，一手抓着我的手腕。

雨真的比公车还早到，只是我们根本没有注意到。

34

各自离去

> 这个世界上有许多事情是我做不到的,不论我多么希望能够做到,而这件事情就是其中之一。

是该到结束的时候了,我们只剩下一周半的时间。汤玛索的缺席制造了一个巨大的缺口,我想我们都得感激即将到来的离别,感谢不必长期面对这个没有他的日子。

在隔周中期,克劳蒂亚告诉我,前夜她腹中孩子有个错误的警报。"我这个地方很痛。我妈计算了一下时间,发现每隔二十分钟就痛一次,于是我爸就带我去医院。"然后她转了转眼珠,"不过并不是那回事,还有两个星期才会生。"

克劳蒂亚看着我,皱了皱鼻子:"告诉你实话,我希望是上个星期生。我的背很痛,我的胸部很痛,我的脚很痛,每个地方都很痛,我恨死了这一切。"

我微笑以对。

"你知道,我已经想好名字了,如果是男孩就叫马修,如果是女孩就叫珍妮。你觉得这两个名字好吗?你希望他是什么样的一个孩子?"

"健康的孩子。"

她微笑了起来。

我从此没有再见过克劳蒂亚。第一次是个错误的警报,第二次就不再是警报。第二天一大早,克劳蒂亚提早产下一个四磅四盎司重的女婴。她母亲来电说她们母女平安,但是孩子有黄疸,被送到加护病房里。他们为她取名珍妮。

"这下子又回到以前了,对不对?"隔天下午,当我把这个消息告诉萝莉时,她说:"就只有布和我。"

我点点头:"只有布和你。"

"还有你。"

"还有我。"

她翻开阅读课本,瞪着它好一会儿,然后抬头看着我:"你知道,桃莉,我不喜欢其他两个人不在这里。"

"你知道的,萝,我也和你一样。"

我们继续我们正常的课程,每天练习着迪克和珍的故事,萝莉在阅读上所碰到的旧困难又开始出现。由于故事对白的字数越来越长,她也就越来越无法记住故事的发展情节。冒险教迪克和珍妮的故事,目的不在教萝莉如何阅读,我还没有天真到觉得这件事情可以如此轻易成功。我的目的只是在帮她建立信心,让她相信她有能力阅读。她接下来还有暑假班,然后是下一个学年。时间是最现实的,我需要给她梦想。

布还是一如往常,沉醉在自己的世界中。我还记得刚开始接触布和萝莉的时候,我是那么的迷惘。我如何同时辅导两个完全不同的学生呢?现在汤玛索和克劳蒂亚离开了,我的时间却多得好似只辅导两个孩子是种羞耻,是在混饭吃。我真的无法想象当初怎么会有那种无力应付的感觉。

我已做好了暑期规划。我要先回蒙大拿的家,然后选修一些暑假课程以充实我的教师资格。我正在搬家。目前这个家太小,容不小我太多的书、教材和其他零零乱乱的杂物。再者,它距离学校太远了,必须开车往返。所以,我在学校附近找了一间比较大的公寓。

六月初的某天晚上,电话响起。

"哈喽?"

对方很吵,但我听不出是些什么人。

"哈喽?哈喽?"

有人在哭。"请问是哪位?"

"桃莉?"

"我是,请问你是哪一位?"

"是我,克劳蒂亚。"

"克劳蒂亚!克劳蒂亚,发生什么事了?"

她啜泣着,吸了吸鼻子:"我一直在想……,我一直在想……珍妮的事。她这么小,桃莉。她才从保温箱出来,她好小。"克劳蒂亚融化在哭声中。

"克劳蒂亚？你还好吗？怎么了？"

"我要放弃她，桃莉，今天早上我签了同意书。我真的签了，还有我妈也签了。我就要放弃她了。"

"哦，克劳蒂亚。"

"那个中介公司的女人，她说他们已经为小孩找到一个很好的家庭。她的爸爸和妈妈已经等待很久……就为了她，"她啜泣着，"等她很久了。"她放声哭了起来。

"你做得非常正确，克劳蒂亚。我以你为荣。"

"我不要她变得像布一样，我不要伤害她。"

然后一切都到了终点。最后一天，没有人在工作，整个学校充满宴会的热闹气氛。萝莉被要求回到一年级班上，因为他们正在举行庆祝宴会。她说放学之前她会过来清理她的东西，并且向我说再见。说完，便一溜烟地往教室外的走廊跑去。布和我合力整理教室。开放的书架必须用纸盖起来并用胶带贴住；水槽和柜台都得刷洗；所有橱柜里的东西都得清点，并用胶带贴紧橱门。我们静静地做着，布自愿帮我。完工后，我们一起走到不远的公园。

和以往几年所带的班级相比，今年这一班真的很不一样。带着这个心不在焉的学生，此刻，全校大概也只剩下我这个老师还在忙。但对布而言，这只不过就是另一天罢了。

我们去喂鸭子，然后去公园里的那个小小的动物园。我们把鞋子脱掉，快乐地在草地上奔跑，最后我们还吃了冰淇淋。

回到学校时，法兰克林太太正等着我们，她从我的手中接过布。

"再见了，布。"我说。

他凝视着某处，法兰克林太太将他的脸转过来看着我。即使如此，他的眼神还是游移的。

"布？再见了，布。"我弯下腰对他说。

"台风警报！台风警报！"他又开始学起气象主播的话，又开始交缠着手指。

法兰克林太太不好意思地微笑着。简单几句交谈，一个微笑，犹豫地拍了拍我的肩，一切就这样结束了。我拎着凉鞋，孤单地站在那儿，看着法兰克林太太和我那个可爱的孩子的身影渐渐远去。

回到教室，我站在地板中央。所有东西都被纸贴了起来，显得陌生又冷清。所有动物都已送走，地毯也卷了起来，椅子全都堆叠到工作桌上。即便如此，墙壁还是会对我说话。这里曾经发生过那么多的事情，一如以往的每一年，我希望永远都不会结束。

门被推开。

是萝莉。

她没有看我，而是笔直地走到她的小置物柜前，打开柜子，里面的东西全掉了出来。她跪下来收拾着东西，但收拾到一半突然停了下来，让手上的东西全滑到地上。然后她弯身向前，用双手掩住脸。

"萝？怎么了？"

"我没有通过。"抓着她的学期成绩单，用力地朝我丢过来，然后开始放声大哭起来。她双臂环抱住膝盖，头深埋在膝盖上，哭到不能自己。

我走到她的旁边坐下。因为没有纸巾,萝莉用手背粗鲁地抹掉脸颊上的泪水,并强将眼眶中的泪水忍回去:"一想到自己是个笨蛋,我就很不喜欢。"

"你不是笨蛋,萝。"

"我在幼儿园的时候被留级,现在在一年级时又被留级,我看再念一百年也毕不了业。"

"你不是笨蛋,萝。"

"就算我不是笨蛋,我的情况和笨蛋也没有什么不一样。"

由于不知道还能说些什么,我因而沉默不语。

"没有通过让我觉得很难过。难道他们不知道这会让人有多难过吗?"然后她看着我,眼神中明显地流露着憎恨,"难道你不知道吗?"

"那不是我的决定。"

"可是,难道你不知道吗?"

我沉默了很久:"知道。"

"那你为什么不阻止呢?"她生我的气,眼神中充满对我的指控。

"我没有办法,萝莉。"

"可以的,你原本可以的。如果你真的想要做的话,你就会做得到的。"

我摇摇头:"不,萝莉,那不是我的决定。其他人觉得让你再读一次一年级对你比较好,我真的无能为力。"

她瞪着我好久好久,然后别开眼:"你知道我有多么想要升上二年级,你知道的。为什么你没能让我如愿?"

"萝莉！我没有办法！"

"可是怎么会没有办法呢？"

我攫住她的下巴，将她的脸转过来对着我："听我说，我真的无能为力。这个世界上有许多事情是我做不到的，不论我多么希望能够做到，而这件事情就是其中之一。"

她忍不住地痛哭了起来，泪水汩汩地流下脸颊，流过我的手指："你没有办法？"

我摇摇头，两颗痛苦的灵魂都沉默不语了好几分钟。她又把头埋进两膝间。

终于，她吸了吸鼻子，抬起头，抓起前面的衣服擦干她的脸。

"我该怎么告诉莉比呢？"她问，"现在我们再也不是双胞胎了。莉比真的希望我们在一起，她一定会很难过的。"

"你们当然是双胞胎，你们永远都是双胞胎，萝莉，这是无法改变的事实。"

"不，我们再也不是同年龄了，她将会比较大。"

"不会，她不会的。她只是在不同年级而已，就像今年她在不同班级一样。但是你们还是双胞胎，谁都无法改变这么重要的一件事情，任何像学校这么笨的地方都无法改变这件事实。"

"我也想要去念二年级啊，我真的很想。"

"我知道。"

我们再次沉默不语。萝莉已不再哭了，但我还是不敢碰她。我们就那样肩并肩地坐在地上，萝莉拾起她前面的一块纸片，是刚才从她的柜子里掉出来的。那是一张图画，是她和布合力画成的。

"布离开了吗?"她问。

"是的。"

"我甚至没有和他说再见。"

"记得吗,你先前已经说过再见了,我告诉过你他要走了。"

她点点头:"下学年他不会回来了,对不对?"

"不会。"

"还有克劳蒂亚,她也不会回来了?"

"不会。"

"还有汤姆也不会回来了,"她淡淡地问,"只有我。只有我回来,就只有我。"

"还有我啊。"我附言道。

萝莉望着我,然后她点点头:"是的,就只有你和我。"她把图画推到前方,研究着它。我则用手指画着地板。

"萝,亲爱的?"

"什么事?"

"我们来庆祝吧。"

"庆祝?"她一脸的不悦,"有什么好庆祝的?"

我耸耸肩:"我也不知道,只是觉得想庆祝。"

没有回应。

"嗯,也许我们可以来庆祝这个学期的最后一天,"我提议着,"我们接下来有一整个暑假。你觉得如何?"

"不,我得去上暑假班。"

"嗯,好吧,那就天空不再下雨了。今天的天气很好,我们就庆祝天气吧。"

"天气太热了,我怕流汗。"

"你根本就是在给我出难题嘛,萝。我努力地找理由,你却努力地泼我冷水。"

"我不在乎。"

"呵,呵,看来我们是有点意见不合。这样吧,布和我在那边的人行道上发现有人在卖冰淇淋。我们去买冰淇淋吃,你觉得怎样?还有,你猜怎么样?他还有卖很棒的巧克力。"

"我恨巧克力!"

"萝莉!你如果想要哭,就大声地哭吧。"

空气凝结着。好一会儿后,她突然咯咯地笑了起来,紧张气氛一时之间被驱散了,我们两人忍不住地爆笑。"我一直是个很难相处的人,是不是?"她说。

"你的确是!"

"好吧,我真的不想吃什么巧克力冰淇淋,吃那种东西比被留级还难过。"

我们对着彼此微笑,然后她咬着下唇期待地望着我:"那么,我们该庆祝些什么呢?"

"你来告诉我呀,我已经想不出来了。"

她耸了耸肩:"我不知道。就我们两个好了,我猜。你和我,就来庆祝我们吧。"

我站了起来:"我来看看我还有多少钱?"

"不,桃,等一下。"萝莉一跃而起,"我们去把莉比找来。"

我犹豫着，想到她见到莉比时的尴尬场面。我不想再让气氛被破坏："我想，也许只有我们两个人比较好一些，我是说……"

"没错，可是每回学期结束的时候，莉比就会觉得很难过，她比我们都还喜欢上学。"

"我明白了。"

"我还想到一个好主意。"萝莉把手探到口袋里，"我这里有七角，够买口香糖。我们可以先到公园去玩一下溜滑梯，回来的时候再顺便买口香糖。"她的微笑越来越灿烂，"看这里，我有多少钱呢？"

"当然好，可是我在想……我是说，我知道你有多难过……我是说，我很抱歉我没有安顿好事情，我想也许……"我语无伦次，我们注视着彼此。萝莉将七角钱握在手里。

终于，她轻轻地耸了耸肩，看着手掌中的零钱，然后抬头看着我，微笑着。是一个安静的微笑："别这么担心，桃。你老是一天到晚担心个没完。那件事没那么重要。现在，来吧。"

我随她而去。

35

结语

  我待在学校，看着萝莉重新读完一年级。随着她一家的搬离，她也转进一家专收具有学习障碍孩子的学校，从那之后她便没有再上过阅读课。很幸运地，对我们所有人而言，阅读一直不是那么重要。

  布继续在那所宗教学校就读。我们这个世界上的人，一直无法帮助他脱离他的自我世界。不过，他还是有进步的。现在的他可以稍微讲一些话，而且也会叫妈妈了。

  克劳蒂亚回到她原来的学校就读，成绩依然优秀，而且还是毕业生致辞代表。

  不久之前我曾在报纸上读到一篇报道，说一个年轻男孩将四个孩子安全地带出火场，然后又进入火场救一个婴儿。文章下面还附刊一张照片，该市市长正颁发英雄奖牌给那个男孩，表扬这个男孩对人类无私的爱。那个男孩就是汤玛索。